Literatur *und* Medien

Literatur *und* Medien

Herausgegeben von
Volker Wehdeking
Gunter E. Grimm
Rolf Parr
Christof Hamann

Band 11

Erschöpftes Bewusstsein

Sichtbarkeit, Macht und Subjektivität in E.T.A. Hoffmanns *Der Sandmann* und Alex Garlands *Ex Machina*

von

Johannes Otte

Tectum Verlag

Johannes Otte

Sichtbarkeit, Macht und Subjektivität in E.T.A. Hoffmanns *Der Sandmann* und Alex Garlands *Ex Machina*
Literatur und Medien; Band 11

ISBN 978-3-8288-4477-3
eBook 978-3-8288-7508-1
ISSN 1867-7479

Umschlaggestaltung: Tectum Verlag, unter Verwendung des Bildes
1379131412 von sdecoret | www.shutterstock.com

Druck und Bindung: Docupoint, Barleben

Besuchen Sie uns im Internet
www.tectum-verlag.de

Bibliografische Informationen der Deutschen Nationalbibliothek
Die Deutsche Nationalbibliothek verzeichnet diese Publikation in der Deutschen Nationalbibliografie; detaillierte bibliografische Angaben sind im Internet über http://dnb.ddb.de abrufbar.

Vorwort

Relationen von Subjektivität und Wahrnehmungsdispositiven in Zeiten künstlicher Menschmaschinen stehen im Zentrum dieser Studie, die insbesondere dadurch besticht, dass sie nicht nur zwei zeitlich disparate Repräsentationen des Maschinenmenschen – Romantik und Gegenwart –, sondern auch zwei Medienformen dieser Repräsentation – literarische Prosa und Film – in den Blick nimmt. Auf der Basis von Michel Foucaults Überlegungen zum Verhältnis von Macht, Subjekt, Beobachtung und Disziplinierung wird einerseits herausgestellt, dass in E.T.A. Hoffmanns Erzählung *Der Sandmann* (1816) bereits aktuelle Wirklichkeiten, Projektionen und Imaginationen des Mensch-Maschine-Diskurses verhandelt werden und die Erzählung somit plausibel als Maschinen-Science-Fiction *avant la lettre* gelesen werden kann. Andererseits wird dafür argumentiert, wie sich in Alex Garlands Film *Ex Machina* (2014) Traditionsbestände der Maschinen- und Subjektdiskurse um 1800 fortschreiben und verfestigen. Somit kann *Der Sandmann* inhaltlich, sowie durch die frühen Anklänge des posthumanistischen Themenkomplexes, als prämedialer Wegbereiter von Garlands Film ausgewiesen werden. Stets bleiben aber auch die historischen, medialen, materialen und technologischen Differenzen zwischen literarischer Erzählung und Film präsent. Anhand dieser Differenzen kann die Studie Verschiebungen aufzeigen, die in Garlands Film mitgezeigt und miterzählt werden müssen, wenn es gilt, Gegenwart und mögliche Zukunft des Konzepts ›Mensch‹ vor dem Hintergrund artifizieller ›Formen des Subjekts‹ ästhetisch zu verhandeln. So werden u.a. für *Ex Machina* die Elemente, Strategien und ästhetischen Formen herausgestellt, mit denen der Film die gesteigerte Komplexität der ›Realität‹ hochmoderner (cyber-artifizieller) Subjektivierungsprozesse der Wahrnehmung des Zuschauers unterbreitet.

Christof Hamann

Inhaltsverzeichnis

I Einleitung: Zeitlose Fragen zu künstlicher Intelligenz in *Der Sandmann* und *Ex Machina* 1

II Foucault: Der Mensch als Objekt der Wissenschaft und der Panoptismus 7

1. ‚Die Erfindung des Menschen' 7
2. Der Panoptismus 9
3. Das Subjekt der Macht 12

III Sichtbarkeit, Macht und Subjektivität in *Der Sandmann* 17

1. Augen, Blicke und Sichtbarkeit 17
2. Das internalisierte Machtverhältnis 25
3. Der Subjektivierungsprozess Nathanaels 28

IV *Der Sandmann* – Ein früher Science-Fiction-Roman? 33

1. Naturwissenschaftliche Erkenntnisse und Debatten in *Der Sandmann* 33
2. Der Turing-Test in *Der Sandmann* 36
3. Künstliche Menschen 38
4. Künstliche Intelligenz und Subjektivität 40

V Komparative Analyse von *Der Sandmann* und *Ex Machina* unter Berücksichtigung von Aspekten der Sichtbarkeit, Macht und Subjektivität 45

1. Eine kurze Zusammenfassung von *Ex Machina* 45
2. Inhaltliche und thematische Parallelen zwischen *Der Sandmann* und *Ex Machina* 46

3. Disziplin versus Kontrolle – Gilles Deleuze: *Postskriptum über die Kontrollgesellschaften* 50
4. Machtprinzip der Kontrolle in *Ex Machina* 54
5. Aktualität von Kontrolle und Disziplin 56
6. Die Disziplinargesellschaft im Zeitalter der Digitalisierung 57
7. Panoptismus in *Ex Machina* 68
8. Nathan als Wiedergänger des ‚Panopticons Coppelius' 73
9. Subjektivierung und Widerstand in *Ex Machina* 75
10. Avas Imitation menschlicher Subjektivierungsprozesse 77
11. Subjektivität und Performativität nach Butler 80
12. Performativität in *Ex Machina* 84
13. Menschlicher Wahnsinn im Angesicht künstlicher Intelligenz 87
14. Das posthumane Subjekt in *Ex Machina* 88
15. Singularität und die künstliche Erzeugung eines Bewusstseins 90
16. Die Unterwerfung des menschlichen Subjekts 96
17. Das Vorscheinen des Posthumanismus in *Der Sandmann* und *Ex Machina* 100

VI Fazit: Immerwährende Sorge um die Integrität des Menschen 103

VII Literaturverzeichnis 107

VIII Abbildungsverzeichnis 111

I Einleitung: Zeitlose Fragen zu künstlicher Intelligenz in *Der Sandmann* und *Ex Machina*

Dass mit dem Protagonisten Nathanel in *Der Sandmann* eine Kritik des nach autonomer Subjektivität strebenden romantischen Künstlers dargestellt ist, wurde schon mehrfach beschrieben.[1] Hoffmanns Erzählung kann so als eine kritische Auseinandersetzung mit der romantischen Vorstellung eines autonomen Subjekts und einem künstlerischen Genie, das ohne traditionelle Verbundenheit aus sich selbst heraus Kunst schöpft, verstanden werden.[2] Mit Nathanaels Schreiben wird in *Der Sandmann* somit eine Dichtungsauffassung dargestellt, die das künstlerische Schaffen in der Vorstellungskraft und dem Phantasma sucht, ohne dieses mit der Lebensrealität abzugleichen.[3] Die Selbstverletzung Nathanaels am Ende der Erzählung kann so als ein unvollständiger Subjektivierungsprozess verstanden werden,[4] welcher der Autonomie des Subjekts eine Absage erteilt.

Individualität und Subjektivität sind aber auch abseits der literarischen Bestrebungen von Nathanael ein Kernthema der Erzählung, da dieser sein Innenleben und damit sein „Begehren nach Subjektivität"[5] in die Leere des Automaten Olimpia projiziert und diese so ‚zum Leben erweckt'.[6] Wenn Nathanael sich dann durch die Zerstörung Olimpias deren Automatenwesens bewusst wird, treibt ihn dies zum ersten Mal in den Wahnsinn. In dieser Passage scheint die Maschinenartigkeit des Menschen dargestellt zu sein, da Nathanael dieser Subjektivität

1 Vgl. z.B. Schmidt: *Die Krise der romantischen Subjektivität*; Kormann: *Künstliche Menschen oder der moderne Prometheus*; Tabbert: *Die erleuchtete Maschine*, S. 109–111; Merkl: *Der paralysierte Engel*, S. 188 ff.

2 Vgl. Schmidt: *Die Krise der romantischen Subjektivität*, S. 359.

3 Drux: *Marionette Mensch*, S. 94.

4 Vgl. auch Reckwitz: *Subjekt*, S. 94.

5 Greschonig: *Divination Lost*, S. 351.

6 Vgl. auch Drux: *Marionette Mensch*, S. 90.

zugestanden hat[7] und damit „eine Erschütterung des menschlichen Selbstverständnis“[8] einhergeht.

> Die Labilität des Menschen als epistemologischer Entwurf macht es dem vermeintlichen Gattungswesen zunehmend schwer zu unterscheiden, wo denn eigentlich die Grenzen zwischen ihm und der Maschine im Sinne einer integrativen subjektiven Einheit liegen könnten.[9]

Die in *Der Sandmann* dargestellte Dezentrierung des Subjekts stellt somit eine frühe Verhandlung der Krise des Individuums[10] und „die faktische Nichtintegrationsfähigkeit des Subjektentwurfs der Aufklärung in die soziale Ordnung einer vorscheinenden Moderne“[11] dar.

Mit der Zerstörung Olimpias wird aber nicht nur das Menschenbild in die Nähe einer Maschine gerückt, sondern auch Nathanael wird sich bewusst, dass die Vorstellung seiner Subjektivität eine Täuschung und Manipulation durch die Alchemisten Coppelius und Spalanzani war.

Die Subjektivität Nathanaels wird von Beginn der Erzählung an mit dem Motiv der Augen und des Sehens verbunden, die für „‚das geistige Anschauungsvermögen, Einbildungskraft, Verstand‘“[12] und Urteilsvermögen stehen. Zunächst ist es das Ammenmärchen des Sandmanns, der den Kindern die Augen raubt, welches Nathanael traumatisiert, und später ist es die imaginierte Reinkarnation der Märchenfigur des Sandmanns Coppelius/Coppola, der „den Sehsinn Nathanaels durch optische Apparaturen zu manipulieren versucht.“[13]

> Mit der Motivkette der Augen und der optischen Geräte verweist Hoffmanns Text dabei nicht so sehr auf das Beobachtete als auf das Beobachten selbst. Ständig wird in der Erzählung das Problem verhandelt, wer unter welchen Bedingungen was sieht und worin sich diese Bedingungen unterscheiden. Der Text macht also das Beobachten selbst beobachtbar.[14]

---

7 Vgl. Tabbert: *Die erleuchtete Maschine*, S. 111.
8 Tabbert: *Die erleuchtete Maschine*, S. 113.
9 Greschonig: *Divination Lost*, S. 346.
10 Vgl. auch Kormann: *Künstliche Menschen oder der moderne Prometheus*, S. 73.
11 Greschonig: *Divination Lost*, S. 352.
12 Drux: *Erläuterungen und Dokumente*, S. 59 f.
13 Brandes: *Optische Täuschungen*, S. 129.
14 Kirchmeier: *Die Literatur der Gesellschaft und die Gesellschaft der Literatur*, S. 171.

Den andauernden Manipulationen seiner Wahrnehmung ausgesetzt äußert Nathanael dann sein Subjektverständnis gegenüber Clara so, als dass „jeder Mensch, sich frei wähnend, nur dunklen Mächten zum grausamen Spiel diene.“[15]

Diese Verbindung von beobachtenden Blicken und optischen Apparaten, die die Wahrnehmung verändern und das Handlungsfeld des Protagonisten strukturieren, sowie dessen Auffassung des Menschen als unfreiem Subjekt, welches Mächten zu unterliegen scheint, erinnert stark an Michel Foucaults Beschreibung der um 1800 einsetzenden Disziplinargesellschaft, wie dieser sie in *Überwachen und Strafen*[16] dargestellt hat. Foucault beschreibt mit dem Panoptismus das Machtprinzip in einer Gesellschaft, welches auf einem Sichtbar-Machen der Individuen beruht, das wiederum eine Anpassung des Verhaltens evoziert und diese so zu Subjekten unterwirft, die das Gefühl beobachtet zu werden internalisiert haben.

In dieser Studie wird der Subjektivierungsprozess Nathanaels anhand des Panoptismus untersucht und die Macht der Sichtbarkeit und der Sichtbarkeitsmotive in der Erzählung dargestellt und ausgeführt werden, dass der Selbstmord Nathanaels als fehlende Reflexion über seinen Status als ‚unterworfenes Subjekt‘ verstanden werden kann.

In einem zweiten Teil wird *Der Sandmann* als prämedialer Vorgänger von Alex Garlands Science-Fiction-Film *Ex Machina*[17] ausgewiesen werden.[18] Hierfür soll zunächst dargestellt werden, dass *Der Sandmann* als Science-Fiction-Literatur eingeordnet werden kann und beschrieben werden,[19] dass Nathanaels Begegnung mit Olimpia als eine frühe literarische Darstellung eines Turing-Tests verstanden werden kann. Der Turing-Test bildet den thematischen Kern von *Ex Machina*, da der Protagonist Caleb in eine Forschungseinrichtung manövriert wird, um die Androidin Ava auf menschliches Bewusstsein zu testen.

15 Hoffmann: *Der Sandmann*, S. 100.

16 Foucault: *Überwachen und Strafen*: Die Geburt des Gefängnisses. Suhrkamp, 1993.

17 *Ex Machina*. Regie: Alex Garland. Drehbuch: Alex Garland. UK: Universal Pictures International, Film 4, DNA Films. 2015.

18 Vgl. auch Henke, Jennifer: “*Ava's body is a good one*”, S. 138.

19 Vgl. Kreuzer.: *Künstliche Menschen und menschliche Künstlichkeit. E. T. A. Hoffmanns Automaten im Kontext eines SF-Motivkomplexes*; Wittig: *Maschinenmenschen*, S. 63–81.

Während des Tests verliebt sich Caleb in Ava, ähnlich wie das Begehren Nathanaels für Olimpia geweckt wird.

Um mit der Verhandlung des Panoptismus in *Ex Machina* einen weiteren thematischen Bogen zu Hoffmanns *Sandmann* zu schlagen, soll dann aber zunächst die Frage nach der Aktualität und Relevanz von Foucaults Konzept in der heutigen Zeit behandelt werden. Gerade im Zeitalter der Digitalisierung, die in Garlands Film auf verschiedene Weise im Mittelpunkt der Handlung steht, scheint die Theorie des Panoptismus an die veränderten technischen Vorzeichen und Beobachtungssituationen angepasst werden zu müssen, um als Analyseinstrument zielführend angewandt werden zu können. Diese Überführung des Panoptismus in die heutige Zeit wird durch eine Diskussion geleistet, in der exemplarisch die Kritikpunkte Kevin Haggertys, wie er sie in seinem vielzitierten Aufsatz *Tear down the walls: on demolishing the Panopticon*[20] beschrieben hat, mit ebenfalls vielbeachteten Gegenstimmen abgeglichen werden. Mit der hieraus gewonnenen Einschätzung, dass der Panoptismus möglicherweise heutzutage noch relevanter und omnipräsenter ist, als er es im 19. und 20. Jahrhundert war, werden dann die Beobachtungssituationen und Machtverhältnisse in *Ex Machina* erläutert.

Ähnlich wie auch im *Sandmann* wird auch in *Ex Machina* Sichtbarkeit als Ausgangspunkt menschlicher Subjektivität verhandelt. Das Anwesen, in dem der Turing-Test stattfindet, ist mit Überwachungskameras ausgestattet, der Protagonist Caleb und die Androidin Ava sind der ständigen Beobachtung des Initiators des Tests, Nathan, ausgesetzt. Dass die Forschungseinrichtung so einem Panopticon gleicht, wurde schon mehrfach angemerkt.[21]

Der Protagonist Caleb erhebt sich am Ende des Films gegen seinen Überwacher, indem er sich dessen Beobachtung entzieht und den Wächter Nathan zu einem Überwachten degradiert. Es kann also argumentiert werden, dass Caleb aus der Reflexion über seinen Zustand als unterworfenes Subjekt in einem panoptischen Machtverhältnis seinen

---

20 Haggerty, Kevin D.: *Tear down the walls*: on demolishing the Panopticon. In: Lyon, David (Hg.): Theorizing Surveillance – The Panopticon and Beyond, Willan Publishing, 2006, S. 23–45.

21 Vgl. Di Minico: *Ex-Machina and the Feminine Body, S. 73;* Jacobson: *Ex Machina in the Garden*, S. 31.

eigenen Subjektivierungsprozess vollzieht. Der Film wendet diese ‚Machtergreifung' aber am Ende ein letztes Mal um und stellt dar, dass es die ganze Zeit die Androidin Ava war, die sich aus ihrem Gefängnis befreien wollte und dafür Caleb und Nathan manipuliert und gegeneinander ausgespielt hat.

Ava wird so als ein posthumanes Subjekt gezeichnet, welches menschliche Subjektivierungsprozesse imitiert, um sich letztlich über den Menschen zu erheben und seine eigene Evolution in Gang zu setzen. An der Figur Ava ist somit das Machtverhältnis des Panoptismus ablesbar, aber auch ihre Weiblichkeit dient lediglich dem Zweck der Manipulation und wird so nur als Maskerade vorgeführt,[22] was mit Judith Butlers Konzept der Performativität beschrieben werden soll.

Sowohl das panoptische Machtverhältnis als auch das Konzept der Performativität suggerieren, dass es für den Menschen keinen aktiven Zugriff auf diese geben kann, dass es kein ‚außerhalb' zu diesen Konzepten gibt, da deren Mechanismen für den Menschen opak ablaufen.[23] Mit Ava wird in *Ex Machina* jedoch ein posthumanes Subjekt gezeichnet, dass menschliche Subjektivierungsprozesse imitiert und diese so ablesbar gemacht werden. Da Ava als posthumanes Subjekt gezeichnet wird, steht sie ‚außerhalb' der menschlichen Subjektivierungsprozesse, so dass diese durch ihre Aneignung als (Überlebens-) Strategien exemplifiziert werden.

Die Erschaffung des künstlichen Menschen Olimpia in *Der Sandmann* stellt eine „fundamentale Infragestellung der Substantialität des Individuums"[24] dar und hat am Ende der Erzählung eine gesellschaftliche Diskussion über den Umgang mit Automaten und gesellschaftlichen Umgangsformen zur Verifizierung von Menschlichkeit zur Folge.[25] Diese Debatte um die Frage nach dem Verbleib des Humanismus im Angesicht eines künstlichen Menschen, wird auch in Garlands Film verhandelt.

Die Erschaffung des künstlichen Menschen in *Der Sandmann* nimmt zudem Bezug zu den naturwissenschaftlichen Debatten um

22 Vgl. Henke: *"Ava's body is a good one"*, S. 133.
23 Vgl. Sich: *Foucault – Eine Einführung*, S. 99; vgl. Reckwitz: *Subjekt*, S. 89.
24 Innenhofer: *Die technische Modernisierung des künstlichen Menschen in der Literatur zwischen 1800 und 1900*, S. 97.
25 Vgl. Hoffmann: *Der Sandmann*, S. 115 f.

1800[26] und scheint besonders von der anthropologischen Diskussion um La Mettries *L'homme machine*[27] (1748) geprägt zu sein, die beschreibt, „dass auch der Mensch nur eine sehr komplizierte Maschine ist, es also keine eigene Substanzform der Seele gibt."[28] An *Ex Machina* kann mit der Verhandlung des naturwissenschaftlichen Konzepts der Singularität eine Aktualisierung dieser Debatte nachvollzogen werden. Die Singularität beschreibt einen Zeitpunkt, an dem eine ‚starke Künstliche Intelligenz' entsteht, die dem Menschen überlegen ist und sich selbstständig erneuert und verbessert.[29]

Zum Schluss dieser Arbeit soll dargestellt werden, dass die fiktionale Beschreibung eines singulären posthumanen Subjekts in *Ex Machina* als Angriff auf die Integrität des humanistischen Subjekts beschreibt,[30] und dass die Befürchtungen und gesellschaftlichen Auswirkungen, die damit einhergehen, in *Der Sandmann* mit der Erschaffung Olimpias bereits andeutungsweise verhandelt worden sind.

Zu Beginn dieser Arbeit soll Foucaults Beschreibung der Entstehung des ‚Menschen' als Objekt der Wissenschaft und der Panoptismus dargestellt werden.

26 Vgl. Thums: *Absorptionen und Transformationen anderer Texte und Medien in ‚Der Sandmann'*, S. 156.

27 La Mettrie: *Die Maschine Mensch*, 1748.

28 Kirchmeier: *Die Literatur der Gesellschaft und die Gesellschaft der Literatur*, S. 169.

29 Vgl. Kurzweil: *Menschheit 2.0*, S. 27.

30 Vgl. auch Herbrechter: *Posthumanismus*, S. 83.

II Foucault: Der Mensch als Objekt der Wissenschaft und der Panoptismus

1. ‚Die Erfindung des Menschen'

Die Veröffentlichung von *Der Sandmann* (1816) fällt in eine Zeitspanne, die Foucault in Bezug zum humanistischen Menschenbild als Paradigmenwechsel beschreibt. In *Die Ordnung der Dinge*[31] führt Foucault aus, dass im Zuge der aufklärerischen Philosophie der Mensch erstmals erkenntnistheoretisch ins Zentrum der Humanwissenschaften rückt.[32][33] Er beschreibt, dass um 1800 der Mensch als Kategorie zum ersten Mal als wissenschaftliches Objekt untersucht wird, der Mensch also gleichermaßen als erkennendes Subjekt sowie als Gegenstand der Wissenschaft, als Objekt des Wissens, in Erscheinung tritt.[34][35] Foucault kritisiert in diesem Zusammenhang allerdings auch die Vorgehensweise der Humanwissenschaften, da diese ihre Erkenntnisse als absolut und universal setzen und dadurch ihren „sekundären und abgeleiteten Charakter",[36] der sich aus der Unsicherheit und der Dezentrierung des Konzepts ‚Mensch' ergibt, nicht reflektieren würden.

Foucault führt aus, dass der Status des Menschen als ‚freies' Subjekt seit dem Beginn des 19. Jahrhunderts fraglich geworden ist. Er leitet diese These unter anderem aus dem philosophischen Verhältnis des Menschen zu Leben, Arbeit und der Benutzung von Sprache ab.

> Wie kann der Mensch dieses Leben sein, dessen Netz, dessen Pulsieren, dessen verborgene Kraft unendlich die Erfahrung überschreiten, die ihm davon unmittelbar gegeben ist? Wie kann er jene Arbeit sein, deren Erfor-

---

31 Foucault, Michel: *Die Ordnung der Dinge*, Suhrkamp, Frankfurt am Main, 1991.
32 Vgl. Foucault: *Die Ordnung der Dinge*, S. 413.
33 Vgl. auch Sarasin: *Michel Foucault – Zur Einführung*, S. 84.
34 Vgl. Foucault: *Die Ordnung der Dinge*, S. 414.
35 Vgl. auch Tschugnall: *‚Der Mensch ist eine Erfindung'*, S. 251.
36 Foucault: *Die Ordnung der Dinge*, S. 418.

> dernisse und Gesetze sich ihm als fremder Zwang auferlegen? Wie kann er das Subjekt einer Sprache sein, die seit Jahrtausenden ohne ihn gebildet worden ist […] innerhalb deren er von Anfang an sein Sprechen und sein Denken platzieren muss?[37]

Die erkenntnistheoretische Unsicherheit des Konzepts des ‚Menschen', die Foucault zufolge um 1800 stattfand, ergänzt er in *Überwachen und Strafen* um die auch um 1800 einsetzende Technik der Disziplinarmacht.[38]

Foucault beschreibt, dass die Machtmechanismen der Disziplinargesellschaft – wie in dem nächsten Kapitel ausgeführt werden wird – erst Subjekte hervorbringen und der Ausgangspunkt dieser Disziplinierung in Techniken der Sichtbarkeit liegt. Solche Verfeinerungen der Technologien des Sehens und des Beobachtens seien auch gegen Ende des 17. Jahrhunderts entstanden und haben die Disziplinargesellschaft erst ermöglicht.

> Die Durchsetzung der Disziplin erfordert die Einrichtung des zwingenden Blicks: eine Anlage, in der die Techniken des Sehens Machteffekte herbeiführen und in der umgekehrt die Zwangsmittel die Gezwungenen deutlich sichtbar machen. Langsam bauen sich im Laufe des klassischen Zeitalters jene ‚Observatorien' der menschlichen Vielfältigkeit auf, denen die Wissenschaftsgeschichte so wenig Aufmerksamkeit gewidmet hat. Neben der großen Technologie der Fernrohre, der Linsen, der Lichtkegel […] entstanden die kleinen Techniken der vielfältigen und überkreuzten Überwachungen, der Blicke, die sehen ohne gesehen zu werden.[39]

Die Entstehungszeit von *Der Sandmann* (entstanden 1815 und veröffentlicht 1816)[40] fällt demnach mit einem Paradigmenwechsel der wissenschaftlichen Beschreibung des Menschen und gleichzeitig auch mit der Entstehung der Disziplinargesellschaft zusammen. Beide Aspekte, die Frage nach der Autonomie des Subjekts und eine Machtausübung, die sich auf die Disziplinierung durch Sichtbarkeit gründet, können in der Erzählung gefunden und beschrieben werden.

---

37 Foucault: *Die Ordnung der Dinge*, S. 390.

38 Vgl. auch Meschnig: *Die Seele: Gefängnis des Körpers*, S. 53.

39 Foucault: *Überwachen und Strafen*, S. 221.

40 Vgl. Drux: *Nachwort*, S. 61.

2. Der Panoptismus

Foucault prägte den Begriff des Panoptismus in seinem Buch *Überwachen und Strafen – Die Geburt des Gefängnisses*[41] und leitete diesen aus der Architektur eines Gefängnisentwurfs von Jeremy Bentham ab. Das Panopticon, wie Bentham es konzipiert hatte, ist ein ringförmiges Gebäude, in dessen Mitte ein Überwachungsturm steht, der mit einem durchgehenden Fensterband ausgestattet ist, so dass die ihn umgebenden Mauern jederzeit betrachtet werden können.[42] Dieses Ringgebäude, das den Turm kreisförmig umgibt, ist in gleichförmige Zellen unterteilt, die auf der Außenseite und der Innenseite (in Richtung des Turms) mit bodentiefen Fenstern ausgestattet sind, so dass beide Seiten der Zellen von Licht durchdrungen werden können und so immer erhellt sind. Zu den Seiten sind die Zellen vermauert, so dass keine Kommunikation zwischen den Inhaftierten stattfinden kann. Im Unterschied zu klassischen Gefängnissen sind die Gefangenen in dem Panopticon so einer ständigen, totalen Sichtbarkeit durch die Wächter in dem Mittelturm ausgesetzt.

Die disziplinierende Wirkung des Panopticons ist somit ein Resultat aus der ständigen Sichtbarkeit der Zelleninsassen. Die Gefangenen fühlen sich zu jeder Zeit überwacht, auch und gerade weil sie nicht sicher wissen, ob sie beobachtet werden. Die Struktur des Panopticons evoziert so ein internalisiertes Gefühl der Sichtbarkeit in den Inhaftierten, das zu einer (Auto-) Disziplinierung führt. Damit die Überwachungsinstanz für die Inhaftierten nicht einsehbar ist, hat Bentham für das Fensterband des Mittelturms Jalousinen vorgesehen.[43] Die Disziplinierung ist dadurch unabhängig von einer tatsächlichen Überwachung, die für den Überwachten immer diffus und nicht verifizierbar bleibt. Die Gestalt dieses Gefängnis automatisiert so ein Machtverhältnis, das die Überwachten gleichförmig parzelliert und die Instanz der Überwacher überflüssig bzw. willkürlich und spontan besetzbar macht. „Das Prinzip der Macht liegt weniger in einer Person als viel-

41 Foucault, Michel: *Überwachen und Strafen*: Die Geburt des Gefängnisses, Suhrkamp, 1993.

42 Vgl. Foucault: *Überwachen und Strafen*, S. 256 ff.

43 Foucault: *Überwachen und Strafen*, S. 258 f.

mehr in einer konzertierten Anordnung von Körpern, Oberflächen, Lichtern und Blicken."[44]

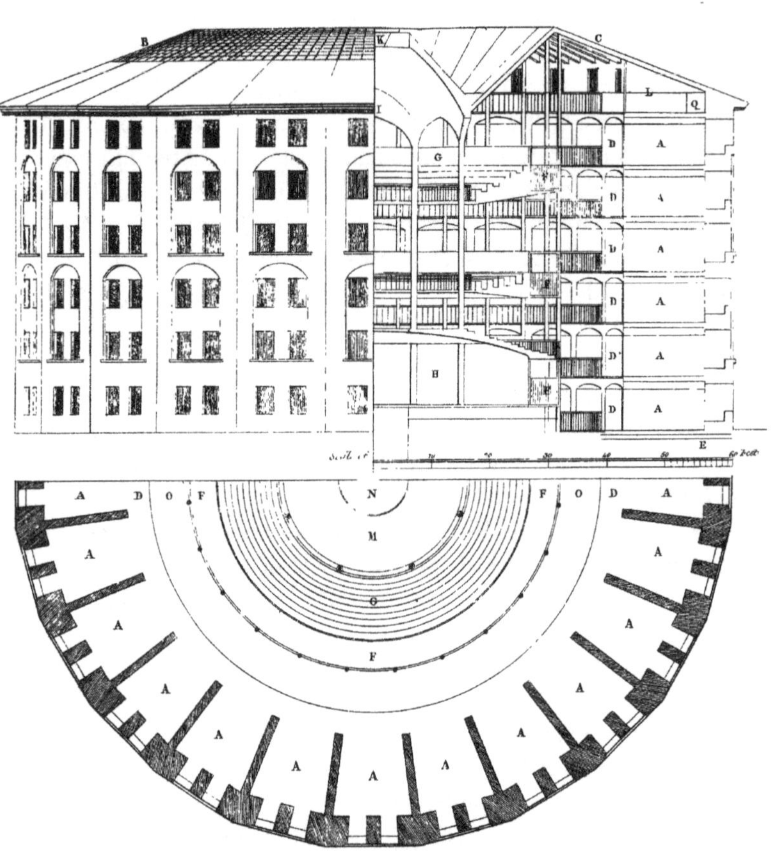

Abbildung 1: Skzizze des Panopticons von Jeremy Bentham

Foucault sieht in der Machtstruktur, die das Panopticon aufgrund seiner Architektur entwickelt, das Prinzip eines Machtverhältnisses, das in den meisten Bereichen einer Gesellschaft zum Ausdruck kommt, also einem „verallgemeinerungsfähige[m] Funktionsmodell [...], das die

44 Ebd., S. 259.

Beziehungen der Macht zum Alltagsleben der Menschen definiert."[45] Somit enthebt Foucault das Machtverhältnis, welches die architektonische Gestalt des Panopticons entwirft, den (disziplinierenden) Institutionen und überträgt es als ideales Machtinstrument auf den gesamten Gesellschaftskörper. Zwar beschreibt Foucault die Möglichkeiten der Anwendung der panopticalen Struktur in verschiedenen institutionellen Bereichen, wie Schulen, Krankenhäusern, Werkstätten etc., also Einschließungsmillieus, in denen eine Verhaltensveränderung hervorgerufen werden soll,[46] aber sein Hauptanliegen bleibt das Prinzip des disziplinierenden diffusen Sichtbarkeitsgefühls, das eine Gesellschaft auch außerhalb einer offensichtlichen Überwachungssituation strukturiert.[47]

Der Panoptismus ist somit das verallgemeinerte Prinzip der Machtausübung, das sich aus dem Gefängnisentwurf von Bentham ergibt, welches sich aufgrund seiner egalitären Verteilung im ganzen Gesellschaftskörper ausbreitet. Wie in der Architektur des Gefängnisses vorgesehen, bleibt die überwachende Instanz opak und kann theoretisch von unterschiedlichen Akteuren der Gesellschaft ausgeübt werden. Entscheidend ist lediglich die Positionierung im Gesellschaftskörper. Die Disziplinierung wird somit demokratisiert, die „Ausübung der Macht [kann] von der gesamten Gesellschaft durchschaut und kontrolliert werden".[48] Das Prinzip dieses Machtmechanismus beruht auf der Unterscheidung des Paares Sehen und Gesehen-Werden. Die Gesellschaft wird ausgeleuchtet, internalisiert so das Gefühl des Gesehen-Werdens, während die beobachtende Instanz diffus im Verborgenen bleibt.[49] Foucaults Panoptismus ist somit eine Modalität der Machtausübung in einer Gesellschaft, die er aus einer Technologie, einer Architektur, ableitet und die ohne institutionelle Verankerung immer in einer Gesellschaft waltet. Die Vorstellung einer Gesellschaft, in der keine Machtbeziehungen herrschen, bleibt demnach eine Abstraktion.[50]

45 Ebd., S. 263.
46 Vgl. ebd., S. 264.
47 Vgl. ebd., S. 266 f.
48 Ebd., S. 267.
49 Ebd., S. 274.
50 Vgl. Foucault: *Subjekt und Macht*, S. 289.

Die Feststellung, dass eine Gesellschaft reziprok und multilateral seine eigene Disziplinierung betreibt und ausweitet, konturiert den Subjekt-Begriff Foucaults und dessen Blick auf Individualität. „Unsere Gesellschaft ist nicht eine des Schauspiels, sondern eine Gesellschaft der Überwachung. […] Wir sind nicht auf der Bühne und nicht auf den Rängen. Sondern eingeschlossen in das Räderwerk der panoptischen Maschine, die wir selber in Gang halten – jeder ein Rädchen.“[51] Hier wird deutlich, was Foucault in seinem späteren Essay *Subjekt und Macht*[52] noch einmal betont: Die Analyse der Machtverhältnisse und Machtphänomene in einer Gesellschaft ist zugleich eine Untersuchung, wie die Teilnehmer einer Gesellschaft zu Subjekten werden.

3. Das Subjekt der Macht

In dem Panoptismus ist jeder Teilnehmer einer Gesellschaft immer Überwacher und Überwachter zugleich. Er wird diszipliniert, bewirkt und multipliziert aber durch sein Reagieren und Handeln eine erneute Disziplinierung eines anderen. Das Machtverhältnis in einer Gesellschaft ist ein „dynamisches Geflecht von Beziehungen“[53] und jede Unterwerfung und jeder Widerstand dagegen generieren neue Machtverhältnisse.

Foucault beschreibt die Individuen eines Gesellschaftskörpers mehrfach als Unterworfene und den Panoptismus als eine Technologie zur Unterwerfung/Subjektivierung.[54] Das Subjekt konstituiert sich demnach aus dem Verhältnis zwischen „Macht und Gegenmacht“[55] und weniger aus einem Streben nach Freiheit und Autonomie.

Das immer präsente panoptische Machtverhältnis in einer Gesellschaft bindet Individuen an ihre Identität und ordnet sie dadurch einer bestimmten Kategorie zu. Erst durch dieses Machtverhältnis werden

51 Foucault: *Überwachen und Strafen*, S. 278 f.

52 Foucault, Michel: *Subjekt und Macht*, In: Schriften in vier Bänden – Dits et Ecrits, Band IV – 1980–1988, Hrsg. Defert, D.; Ewald, F., Frankfurt am Main, Suhrkamp, 2005, S. 269–294.

53 Sich, P.: *Genealogie der Macht*, S. 100.

54 Foucault: *Überwachen und Strafen*, S. 283.

55 Sich, Peter: *Genealogie der Macht*, S. 102.

Individuen zu Subjekten.[56] Subjekt ist hier einerseits als Unterwerfung unter eine gewisse Herrschaft und eine Abhängigkeit dieser gegenüber zu verstehen und andererseits als Subjekt, das durch „Bewusstsein und Selbsterkenntnis an seine eigene Identität gebunden ist. In beiden Fällen suggeriert das Wort eine Form von Macht, die unterjocht und unterwirft."[57]

Foucault untersucht in seinem Essay auch die Möglichkeiten des Widerstandes gegen eine solche Subjektivierung, die immer auch eine Objektivierung der Individuen bedeutet.[58] Inwiefern überhaupt eine Möglichkeit des Widerstandes gegen eine solche Subjektivierung stattfinden kann, bleibt in *Überwachen und Strafen* noch fraglich. Das komplexe panoptische Machtverhältnis, das zwangsläufig aus jeder, auch widerständigen, Bewegung und Handlung neue Machtausübungen generiert, suggeriert, dass es kein ‚Äußeres' zu diesem Machtverhältnis geben kann.[59] In *Subjekt und Macht* stellt Foucault dann jedoch die Überlegung an, dass es verschiedene Subjektivitäten gibt und z.B. der Versuch unternommen werden kann, sich der Einordnung als Individuum einer Institution oder eines Staates zu entziehen.[60] Es gibt demnach zwar kein Außerhalb des panoptischen Machtverhältnisses an sich, aber „ein Außerhalb der derzeit dominierenden Machtformen."[61] Foucault sieht demnach die Möglichkeit, dass ein Subjekt, welches sich seines Status' als unterworfenes Subjekt bewusst ist und die Machtbeziehungen versteht, die es von einem Individuum zu einem Subjekt machen, den Versuch unternehmen kann, sich gegen eine bestimmte Form der Subjektivierung aufzulehnen: „Wir müssen nach neuen Formen der Subjektivität suchen und die Art von Individualität zurückweisen, die man uns seit Jahrhunderten aufzwingt."[62] Subjektivität ist demnach erst nach einem Moment der Unterwerfung zu denken, aber in dem Bewusstsein seines eigenen Status als unterworfenes

56 Foucault: *Subjekt und Macht*, S. 275.
57 Ebd.
58 Vgl. ebd., S. 276.
59 Vgl. Sich, Peter: *Genealogie der Macht*, S. 99.
60 Vgl. Foucault: *Subjekt und Macht*, S. 280.
61 Sich, Peter: *Genealogie der Macht*, S. 99.
62 Foucault: *Subjekt und Macht*, S. 280.

Subjekt scheint eine gewisse Form des Widerstandes gegen die eigene Kategorisierung möglich zu sein.

Um die Möglichkeit eines Widerstandes gegen eine Subjektivierung auszuloten unterscheidet Foucault die Machtbeziehungen von bloßen Gewaltausübungen. Eine Gewaltausübung wirkt immer direkt auf Körper oder Gegenstände ein. Gewalt erfordert demnach ein unmittelbares bestimmtes Resultat und lässt, was dieses angestrebte Resultat angeht, keine Alternativen zu.[63] Als Beispiel hierfür führt Foucault die Sklaverei an, deren Machtausübung immer als physische Gewalteinwirkung eingeordnet werden muss, da es kein Handlungsfeld der Unterworfenen gibt und nur die Möglichkeit einer Fügung besteht, will man sich nicht körperlicher Gewalt aussetzen.[64] Eine Machtbeziehung hingegen betrachtet das Gegenüber, auf welches Macht angewendet wird, immer als handelndes Subjekt.[65] Die Reaktion auf die Machtausübung bleibt demnach vielschichtig, es eröffnet sich „ein ganzes Feld möglicher Antworten, Reaktionen, Wirkungen und Erfindungen".[66] Machtausübungen sind also Handlungen, die sich auf ein handlungsfähiges Subjekt beziehen. Foucault beschreibt Machtausübungen folglich als Formen der Führung und Regierung, die als Konsequenz ein neues Handlungsfeld schaffen.[67] Dieses Handlungsfeld impliziert verschiedene Reaktionen auf eine Machtausübung. Deshalb erfordert eine Machtausübung ‚freie Subjekte', auf welche die Macht angewendet werden kann. Dass Subjekte als ‚frei' betrachtet werden müssen, um sich in einem panoptischen Machtverhältnis zu befinden, führt zu der paradoxal anmutenden Feststellung, dass Freiheit eine Voraussetzung für die Möglichkeit einer Unterwerfung unter eine Machtausübung darstellt.[68] Die beschriebene Freiheit bezieht sich jedoch nur auf den Handlungsspielraum, der dem unterliegenden Subjekt in einer Machtbeziehung eingeräumt sein muss und ändert nichts an der Feststellung, dass jedem Subjekt immer der Status des Unterworfen-Seins voraus-

63 Vgl. ebd., S. 285.
64 Vgl. ebd., S. 287.
65 Vgl. ebd.
66 Ebd.
67 Vgl. ebd., S. 286.
68 Vgl. ebd.

geht. Als Definitionsansatz von Macht bleibt festzuhalten, dass Macht immer das Handlungsfeld eines Subjekts strukturiert.[69]

Foucaults Analyse von Machtphänomen nimmt seinen Ausgangspunkt in der Verallgemeinerung des Überwachungs-Prinzips von Benthams Panopticon, dessen technologische Struktur er als Modus der Machtbeziehungen einer Gesellschaft beschreibt. Es gibt demnach kein Äußeres zu diesem Machtverhältnis, Macht bildet „keine zusätzliche Struktur oberhalb der ‚Gesellschaft'".[70] Die internalisierte Sichtbarkeit der Teilnehmer einer Gesellschaft bleibt die Basis des Machtverhältnisses.

Foucaults Analyse von den Machtverhältnissen in einer Gesellschaft ist demnach auch eine Analyse von Subjektivierungssprozessen. Diese Form der „neuzeitliche[n] Subjektivität"[71] fußt zunächst auf einem internalisierten Sichtbarkeitsgefühl des Individuums. Dieser Status eines sich permanent beobachtet fühlenden Individuums ist das Prinzip des Machtverhältnisses einer Gesellschaft, das diffus ist und disziplinierend wirkt. Das Individuum erlangt erst nach Unterwerfung unter die permanenten Machtverhältnisse einer Gesellschaft Subjektivität, welche als zwanghafte Bindung und Identifizierung mit der eigenen Identität beschrieben werden kann.[72] Foucaults Subjektbegriff ist somit ein Resultat aus der Unterwerfung unter Machtverhältnisse einer Gesellschaft, deren Funktionieren auf einem allgegenwärtigen Sichtbarkeitsgefühl beruht. Sichtbarkeit, Macht und Subjektivität bedingen sich in dieser Theorie also gegenseitig.

Der abgebrochene Subjektivierungsprozess Nathanaels in *Der Sandmann* kann anhand der Beleuchtung von Aspekten der Sichtbarkeit und der daraus resultierenden Machtausübung zu beschreiben versucht werden.

69 Vgl. ebd., S. 288.
70 Ebd., S. 289.
71 Sich: *Foucault: eine Einführung*, S. 103.
72 Vgl. Sich: *Foucault: eine Einführung*, S. 103.

III Sichtbarkeit, Macht und Subjektivität in *Der Sandmann*

1. Augen, Blicke und Sichtbarkeit

Die Vielzahl von Sichtbarkeitsmotiven in *Der Sandmann* wurde schon häufig beschrieben.[73] Die Offenheit der Erzählung, die sich „eindeutigen Sinnzuweisungen“[74] entzieht, wird leitmotivisch von manipuliertem Sehen und Sichtweisen widergespiegelt. Der Text verhindert eine „Einlinigkeit, die schon sein zentrales Thema des Blickwechsels und der Perspektivität der Wahrnehmung dementiert.“[75] Zum einen spielen die Augen als Seh- und Erkenntnisorgane eine prominente Rolle, aber auch die vielerorts auftauchenden Brillen, Ferngläser und Perspektive können als „Substitute der Augen“[76] angesehen werden. Zudem wurde vielmals angemerkt, dass die Situation Nathanaels in *Der Sandmann* gefängnisartig ist.[77] Er scheint durch Sichtbarkeitsmotive äußerlich manipuliert und diszipliniert zu werden und es kommt auch zu einer Verinnerlichung dieses Sichtbarkeitsgefühls, was für eine Einordnung seiner Situation in ein panoptisches Machtverhältnis entscheidend ist.

Die erste Passage, in der Augen als Motiv einer Machtausübung dargestellt werden, macht die Erzählung des Märchens vom Sandmann zu Beginn der Erzählung aus. In seiner Kindheit fragt Nathanael seine Mutter, was es mit dem Sandmann auf sich hat, von dem sie vor dem Zubettgehen zu erzählen pflegt. Die Mutter entgegnet ihm, dass es den Sandmann nicht gebe und er nur bedeuten soll, dass Nathanael schläf-

73 Vgl. zusammenfassend Drux: *Erläuterungen und Dokumente*, S. 59–66.

74 Drux: *Nachwort*, S. 61.

75 Kremer: *Romantische Metamorphosen*, S. 169.

76 Brandes: *Optische Täuschungen*, S. 130.

77 Vgl. z.B. Schmidt: *Die Krise der romantischen Subjektivität*, S. 365; Newman: *Narrating the asymoblic Subject*, S. 128.

rig werden würde und seine Augen nicht mehr offen halten könne, als hätte man ihm Sand in diese hinein gestreut.[78] Das Kindermädchen hingegen antwortet Nathanael auf die gleiche Frage mit der Erzählung eines angsteinflößenden Märchens von dem Sandmann.

> Das ist ein böser Mann, der kommt zu den Kindern, wenn sie nicht zu Bett' gehen wollen und wirft ihnen Händevoll Sand in die Augen, daß sie blutig zum Kopf herausspringen, die wirft er dann in den Sack und trägt sie in den Halbmond zur Atzung für seine Kinderchen; die sitzen dort im Nest und haben krumme Schnäbel, wie die Eulen, damit picken sie der unartigen Menschenkindlein Augen auf.[79]

Die Angst vor dem Sandmann und dessen Augenraub prägt Nathanael daraufhin bis in seine Jugend hinein, der Sandmann bleibt ihm „ein fürchterliches Gespenst und Grauen".[80]

Durch die Projektion der fiktiven Figur des Sandmanns auf den Advokaten Coppelius, der den Vater Nathanaels besuchen kommt, bricht die Fiktion in die Lebenswelt Nathanaels ein: „Der Sandmann, der fürchterliche Sandmann ist der alte Advokat Coppelius, der manchmal bei uns zu Mittage ißt!-"[81]

Mit dem Einbruch der Fiktion in die Realität Nathanaels geht auch ein Gefühl des Beobachtet-Werdens einher. Gestaltete sich die Angst vor der Märchenfigur des Sandmann noch im Inneren Nathanaels, sind es jetzt die Augen der Sandmann-Projektion Coppelius, die „funkelnd" und „stechend" auf ihm lasten.[82] Der nach innen gerichtete Blick Nathanaels auf das Märchen von dem Sandmann richtet sich auf die imaginierte Inkarnation des Sandmanns Coppelius, dessen Blick er sich von da an ausgesetzt fühlt.

Auch die beiden Alchemisten Coppelius und Spalanzani, die zusammen versuchen künstliche Menschen zu erschaffen, tragen Sichtbarkeitsmerkmale in ihren Namen. In dem Namen Coppelius findet sich die (wenig gebräuchliche) ‚Coppo' wieder, die im Italienischen die Augenhöhle bezeichnet.[83] Der Name Spalanzani erinnert an ‚spalanca-

78 Vgl. Hoffmann: *Der Sandmann*, S. 85.
79 Ebd.
80 Ebd.
81 Ebd., S. 87
82 Ebd.
83 Vgl. Kremer: *Romantische Metamorphosen*, S. 149; vgl. auch Drux: *Marionette Mensch*, S. 83.

re', was – auch im Italienischen – ‚die Augen aufreißen' bedeutet.[84] Die Verbindung der Namen mit Sehorganen und Sehweisen wird in der Erzählung eingelöst und motivisch fruchtbar gemacht, wenn Olimpia die Augen entrissen (‚spalancare'), an Nathanaels Brust geschleudert werden und ihn zuletzt der Blick in die Augenhöhlen (‚coppo') Olimpias zu der Erkenntnis gelangen lässt, dass es sich bei ihr bloß um einen Automaten gehandelt hat.[85]

Foucaults Feststellung, dass die beobachtenden Blicke der Disziplinarmacht mit einem Fortschritt in der Entwicklung von Sehinstrumenten, wie Linsen oder Fernrohren, einherging, scheint auch in *Der Sandmann* widergespiegelt zu werden, wenn es nicht nur die Blicke der Augen, sondern auch die Sehhilfen von Coppola sind, deren Sichtbarkeit Nathanael sich ausgesetzt fühlt.

Die Übersetzung der Beobachtungsinstanz von der realen Person Coppelius zu dessen Sehinstrumenten findet statt, wenn Coppola den Studenten Nathanael als Wetterglasverkäufer besucht. Der Erzähler beschreibt, dass Nathanael sich bei dem Anblick Coppolas' „im Innersten erbeben"[86] fühlt, da ihn das unterdrückte Kindheitserlebnis der Vorstellung, dass Coppola die Märchenfigur des Sandmanns sei und damit der Advokat Coppelius ist, einholt. Der Vertreter breitet bei seinem Besuch Ferngläser und Brillen aus, deren anthropomorphisierte „flammende Blicke"[87] der Student nicht erträgt und Coppola anschreit, die Sehhilfen wieder einzupacken: „Übermannt von tollem Entsetzen schrie er auf: halt ein! Halt ein, fürchterlicher Mensch!"[88]

Nachdem Coppola die Sehhilfen wieder eingesteckt hat, verlässt Nathanael schlagartig die Panik. Die Beobachtungs-Situation, der er sich durch die Gläser ausgesetzt sah, verschwindet in dem Moment ihrer Entfernung. Nathanael reflektiert sein Verhalten gegenüber Coppola daraufhin als unangemessen und kauft diesem zur Wiedergutmachung das Fernglas ab, dass an den Wendepunkten der Erzählung seine weitere Entwicklung beeinflussen und beenden wird.

---

84 Vgl. Kremer: *Romantische Metamorphosen*, S. 149.
85 Vgl. Hoffmann: *Der Sandmann*, S. 114 f.
86 Hoffmann: *Der Sandmann*, S. 105.
87 Hoffmann: *Der Sandmann*, S. 106.
88 Ebd.

> So wie die Brillen nur fort waren, wurde Nathanael ganz ruhig und an Clara denkend sah' er wohl ein, daß der entsetzliche Spuk nur aus seinem Inneren hervorgegangen, so wie daß Coppola ein höchst ehrlicher Mechanicus und Opticus, keineswegs aber Copelii verfluchter Doppeltgänger und Revenant seyn könne. [...] um wieder alles gut zu machen, beschloß Narthanel dem Coppola jetzt wirklich etwas abzukaufen. [89]

Dieses Fernglas initiiert in Folge Nathanaels Begehren für Olimpia und führt zu seinem Wahnsinnsanfall, der ihn zuletzt in den Selbstmord treibt.

Auch der vorgebliche Beruf als Wetterglashändler scheint Coppola/Coppelius[90] bereits als Manipulatoren und wahrnehmungsverändernden Techniker auszuweisen.[91] Das Wetterglas, eine frühe Form des Barometers, verzeichnet und objektiviert, was bis dahin nur subjektiv wahrnehmbar war. „Es bedeutet eine Ankopplung der Technik an Naturphänomene. [...] es bedeutet Meßbarkeit und Vorhersagbarkeit und stellt damit potentiell die erste Stufe der Aneignung und Beherrschung dar."[92] Diese „Vorhersagbarkeit" und „Beherrschung" scheint auch schon, bevor das Begehren Nathanaels für Olimpia durch das Fernglas Coppelius' geweckt wurde, in der ersten visuellen Begegnung angelegt zu sein, wenn Nathanael die Puppe durch einen Spalt, den die Gardine zu ihrem Fenster freigibt, erblickt.

> Neulich steige ich die Treppe herauf und nehme wahr, daß die sonst einer Glasthüre dicht vorgezogene Gardine zur Seite einen kleinen Spalt läßt. Selbst weiß ich nicht, wie ich dazu kam, neugierig durchzublicken. Ein hohes, sehr schlank im reinsten Ebenmaß gewachsenes Frauenzimmer saß im Zimmer.[93]

Wittig sieht in der geographischen Lage von Nathanels neuer Studentenwohnung, die direkt gegenüber von Olimpias Zimmer liegt, einen Hinweis auf die Fremdlenkung durch Coppola und Spalanzani, da des-

89 Ebd.

90 Die Identität von Coppelius und Coppola scheint bestätigt, wenn Spalanzani nach der Zerstörung Olimpias Coppola als Coppelius benennt, allerdings bleibt zu bedenken, dass „der Erzähler die gesamte Szene so wiedergibt, wie sie sich Nathanael auftut." Drux: *Marionette Mensch*, S. 85.

91 Vgl. Wittig: *Maschinenmenschen*, S. 65.

92 Ebd.

93 Hoffmann, *Der Sandmann*, S. 96.

sen vorherige Wohnung unter „mysteriösen Umständen“[94] abgebrannt sei. Auch einige rätselhafte Formulierungen des Erzählers weisen darauf hinaus, dass Nathanaels von den Erschaffern Olimpias fremdgeleitet wurde, um an ihm die „Wirkung [ihres] Spitzenautomaten zu testen.“[95]

> Wie erstaunte Nathanael, als er in seine Wohnung wollte und sah, daß das ganze Haus niedergebrannt war, so daß aus dem Schutthaufen nur die nackten Feuermauern hervorragten. Unerachtet [...] war es doch den kühnen, rüstigen Freunden gelungen [...] Bücher, Manuscripte, Instrumente zu retten. Alles hatten sie unversehrt in ein anderes Haus getragen, und dort ein Zimmer in Beschlag genommen, welches Nathanael nun sogleich bezog. Nicht sonderlich achtete er darauf, daß er dem Professor Spalanzani gegenüber wohnte, und eben sowenig schien es ihm etwas besonderes, als er bemerkte, daß er aus seinem Fenster gerade hinein in das Zimmer blickte, wo oft Olimpia einsam saß.[96]

Es spricht demnach einiges dafür, dass „Spalanzani und Coppola den Studenten Nathanael als ‚Spender‘ von Seelenenergie für ihre Androide auserwählt haben“.[97] Dieses „Anzapfen“ seines Innenlebens bzw. sein „Begehren nach einem Selbstentwurf als Subjekt“,[98] wird dann mit dem Blick durch das Fernglas Coppolas ausgelöst, welches seine Wahrnehmung nachhaltig manipulieren wird.

Der Blick durch das Fernglas manipuliert nicht nur mechanisch die Perspektive Nathanaels, er scheint auch die Augen Olimpias zum Leben zu erwecken, wenn Nathanael sie durch das Perspektiv das erste Mal erblickt. „Doch wie er immer schärfer und schärfer durch das Glas hinschaute, war es, als gingen in Olimpia's Augen feuchte Mondstrahlen auf. Es schien, als wenn nun erst die Sehkraft entzündet würde; immer lebendiger [...] flammten die Blicke.[99]

Als Nathanael die Puppe Olimpia das erste Mal sieht, erscheint diese ihm „steif“, „starr“ und ist ihm im Ganzen „höchst Gleichgültig“.[100] Erst nachdem er Coppola das Taschenperspektiv abkauft und

94 Wittig: *Maschinenmenschen*, S. 68.
95 Drux: *Marionette Mensch*, S. 85.
96 Hoffmann, *Der Sandmann*, S. 104 f.
97 Wittig: *Maschinenmenschen*, S. 68.
98 Greschonig: *Divination Lost*, S. 351.
99 Hoffmann: *Der Sandmann*, S. 107.
100 Hoffmann, *Der Sandmann*, S. 105.

mit diesem zu Olimpia hinüberblickt, ändert sich seine Wahrnehmung der Holzpuppe.

> Nun erschaute Nathanael erst Olimpia's wunderschön geformtes Gesicht. Nur die Augen schienen ihm gar seltsam starr und todt. Doch wie er immer schärfer und schärfer durch das Glas hinschaute, war es, als gingen in Olimpia's Augen feuchte Mondesstrahlen auf. Es schien, als wenn nun erst die Sehkraft entzündet würde; immer lebendiger und lebendiger flammten die Blicke. Nathanael lag wie festgezaubert im Fenster.

Das Perspektiv Coppolas, das dieser dem Studenten in Vertretermanier angepriesen und verkauft hat, verändert Nathanaels Wahrnehmung, animiert die Holzpuppe und löst die Hingabe des Studenten aus. Auch bei Olimpias Klavierkonzert ist es erst der Blick durch das Fernglas, aufgrund dessen Nathanael eine amouröse Reaktion der Puppe zu bemerken glaubt: „Ganz unvermerkt nahm er deshalb Coppola's Glas hervor und schaute hin nach der schönen Olimpia. Ach! – da wurde er gewahr, wie sie voll Sehnsucht nach ihm herübersah'".[101] Die Sehinstrumente Coppolas scheinen Nathanael also zunächst anzublicken, als sie vor ihm ausgebreitet werden, und das erworbene Fernglas verändert dann seinen Blick und seine Wahrnehmung von Olimpia.

Ganz im Sinne des Panoptismus sind es diffuse Blicke von außen, die Nathanaels Entscheidung beeinflussen, das Perspektiv zu kaufen, welches als panoptisches „Gerät zur technischen Manipulation seelischer Vorgänge"[102] verstanden werden kann.

Auch das Abraten seines Freundes Siegmund hält Nathanael, nachdem sein Blick durch das Fernrohr Coppolas manipuliert wurde und der auch das Begehren zu Olimpia auslöste, nicht davon ab, diese heiraten zu wollen. Erst wenn die Puppe vor seinen Augen zerstört wird, erschließt sich Nathanael ihr Automaten-Wesen. „Erstarrt stand Nathanael – nur zu deutlich hatte er gesehen, Olimpia's todterbleichtes Wachsgesicht hatte keine Augen, statt ihrer schwarze Höhlen; sie war eine leblose Puppe".[103]

Erst die fehlenden Augen Olimpias lassen Nathanael zu der Erkenntnis gelangen, dass es sich bei seiner Begehrten um einen Automaten handelt. Es waren schließlich zu Beginn seines Verlangens nach

---

101 Ebd., S. 108.
102 Wittig: *Maschinenmenschen*, S. 69.
103 Ebd., S. 114.

Olimpia auch ihre Augen, die sich bei dem Blick durch das Fernglas zu verändern schienen und mit Leben füllten.

Nathanael hat sich selbst und seinen Wunsch nach Subjektivität in die Puppe hinein projiziert.[104] Diese „Spiegel-Identität"[105] wird durch den Anblick der schwarzen Augenhöhlen zerstört und Nathanael wird sich neben dem Automaten-Status Olimpias auch seiner eigenen Fehlleistung und fehlgeleiteten Wahrnehmung bewusst, die ihren Ursprung auch in seiner Selbstbespiegelung, seinem Narzissmus, genommen hat.[106]

Die herausgerissenen Augen Olimpias sind es, die die Lebensrealität Nathanaels erschüttern und ihn das erste Mal in den Wahnsinn treiben. Nachdem Coppelius/Coppola mit der zerstörten Holzpuppe geflohen ist, herrscht der nach dem Kampf verletzt auf dem Boden liegende Spalanzani Nathanael an, die Puppe zurück zu erobern und wirft ihm die Augen Olimpias gegen die Brust. In dieser Passage nennt Spalanzani seinen Miterfinder bei dem Namen ‚Coppelius' und nicht mehr Coppola. Allerdings gibt der Erzähler die Ereignisse aus der Perspektive Nathanaels wieder, weshalb die Identität der beiden Figuren nicht zweifelsfrei eingeordnet werden kann.[107]

> „Ihm nach – ihm nach, was zauderst du? – Coppelius – Copplelius, mein bestes Automat hat er mir geraubt! – Zwanzig Jahre daran gearbeitet – Leib und Leben daran gesetzt – das Räderwerk – Sprache – Gang – mein – die Augen – die Augen dir gestohlen – Verdammter – Verfluchter – ihm nach – hohl mir Olimpia – da hast du die Augen! -" Nun sah Nathanael, wie ein paar blutige Augen auf dem Boden liegend ihn anstarrten, die ergriff Spalanzani mit der unverletzten Hand und warf sie nach ihm, daß sie seine Brust trafen. – Da packte ihn der Wahnsinn mit glühenden Krallen und fuhr in sein Inneres hinein Sinn und Gedanken zerreissend. „Hui – hui – hui! – Feuerkreis – Feuerkreis! dreh Dich Feuerkreis – lustig – lustig! – Holzpüppchen hui schön' Holzpüppchen dreh Dich -" damit warf er sich auf den Professor und drückte ihm die Kehle zu.[108]

---

104 Vgl. Drux: *Marionette Mensch*, S. 90.
105 Kremer: *Romantische Metamorphosen*, S. 163.
106 Vgl. zu Nathanaels Narzissmus: Neymeyr: *Narzißtische Destruktion*. Oder: Kremer: *Romantische Metamorphosen*, S. 161.
107 Vgl. Drux: *Marionette Mensch*, S. 85.
108 Hoffmann: *Der Sandmann*, S. 114 f.

Wieder ist es ein Blick, der die Verhaltensveränderung Nathanaels auslöst. Dieses Mal der von den leblosen Augen Olimpias, die den Studenten auf dem Boden liegend anstarren. Versteht man die Augen Olimpias im übertragenen Sinne als die Augen Nathanaels, da er sich in diesen gespiegelt und die Puppe erst durch die Projektion seines Inneren in ihre Augen zum Leben erweckt hat, kann diese Passage so gelesen werden, dass seine „geraubten Augen als etwas Fremdes von außen auf ihn zurückkommen."[109] Nathanael könnte sich demzufolge einer panoptischen Machtausübung bewusst werden, die in seinem Inneren stattgefunden, sich in den Augen Olimpias materialisiert hat und jetzt von außen auf ihn zurückkommt. Diese Selbstreflexion des panoptischen Machtverhältnisses bleibt jedoch aus. Statt sich als unterworfenes Subjekt zu erkennen, flüchtet sich sein Bewusstsein in den Wahnsinn.

Auch das zweite Mal, wenn Nathanael sich eines solchen Machtverhältnisses ausgesetzt sieht, löst dieses erneut einen Wahnsinnsanfall aus und bringt ihn dazu Selbstmord zu begehen. Wenn Nathanael und Clara am Ende der Erzählung während eines Spaziergangs gemeinsam einen Turm besteigen, um auf die Stadt blicken zu können, ist es wieder der „panoptische Blick"[110] durch Coppolas Fernglas, der Nathanael in den Wahnsinn treibt.

Der Blick durch das Fernglas initiiert erst seine Gewalt gegenüber Clara und zuletzt auch gegen sich selbst. Das Fernglas ist also erneut als Machtinstrument markiert. Die Übereinstimmung der Machtsituation mit der Passage, in der Nathanael der Zerstörung Olimpias beiwohnt und daraufhin Spalanzani töten will und der Passage auf dem Turm vor seinem Selbstmord, wird durch eine Iteration in seiner Wortwahl angezeigt. Wenn Nathanael in seinem Wahnsinn Clara von dem Turm stoßen möchte, wiederholt er dieselben Worte, die er vor seinem Angriff auf Spalanzani geäußert hat.

> [T]odtenbleich starrte er Clara an, [...] dann sprang er hoch in die Lüfte und grausig dazwischen lachend schrie er in schneidendem Ton: ‚Holzpüppchen dreh' Dich – Holzpüppchen dreh' Dich" und mit gewaltiger Kraft faßte er Clara und wollte sie hinabschleudern.[111]

---

109 Kremer: *Romantische Metamorphosen*, S. 162.
110 Greschonig: *Divination Lost*, S. 349.
111 Hoffmann: *Der Sandmann*, S. 117.

Der Blick in die schwarzen Augenhöhlen Olimpias und das Gefühl, von ihren herausgerissenen Augen angestarrt zu werden, lösen Nathanaels ersten Wahnsinns-Anfall aus. Der Blick durch das Fernglas von Coppola, den zweiten. Augen und Fernglas drücken hier ein Machtverhältnis aus, welches auf Sichtbarkeit und einer veränderten Wahrnehmung beruht.

Nathanaels letzte Worte, die er beim Blick auf Coppelius äußert, sind dann auch wieder eine Iteration, nämlich die Worte Coppolas, mit denen dieser seine Sehhilfen bei seinem Verkaufsbesuch angepriesen hat: „Ha! Sköne Oke – Sköne Oke".[112] Diese Wiederholung der Worte Coppolas legt nahe, dass sich das Machtverhältnis ursprünglich in dem Trauma des Sandmann-Märchens begründet hat, da Nathanael schließlich Coppelius als einen Wiedergänger der Figur des Sandmanns betrachtete. Es ist demnach ein internalisiertes Sichtbarkeitsgefühl, welches Macht auf Nathanael ausübt und sein Handlungsfeld strukturiert.

2. Das internalisierte Machtverhältnis

Augen und Instrumente, welche die Perspektive verändern, können im Sinne Foucaults als Momente der Sichtbarkeit des Protagonisten verstanden werden. Um diese als panoptisches Sichtbarkeitsverhältnis zu verstehen, muss jedoch auch eine Internalisierung dieses Beobachtungsgefühls stattfinden. Die Übersetzung der Sichtbarkeitsmotive in ein inneres Sichtbarkeitsgefühl Nathanaels wird in *Der Sandmann* auf verschiedene Weise thematisiert.

Das Ammenmärchen von dem Sandmann, welches Nathanael in seiner Kindheit erzählt wird, stellt einen Aspekt eines solchen verinnerlichten Sichtbarkeitsgefühls dar, da das Märchen „im Blick Nathanaels konkrete Gestalt angenommen"[113] hat.

Der Einfluss des Ammenmärchens und die Übertragung der Figur des Sandmanns auf den Advokaten Coppelius finden in Nathanaels Kindheit statt, trotzdem kann er sich auch in einem Alter, in dem er

112 Ebd., S. 118.
113 Kremer: *Romantische Metamorphosen*, S. 158.

diese Metamorphose der Märchenfigur als kindliche Fehlleistung reflektieren kann, nicht ganz von dem Gedanken lösen. In ihrem Brief an Nathanael formuliert Clara mehrfach, dass die Angst vor dem vermeintlichen Sandmann Coppelius ihren Ursprung im ‚Inneren' Nathanaels hat. „Gerade heraus will ich Dir nur gestehen, daß, wie ich meine, alles Entsetzliche und Schreckliche, wovon du sprichst, nur in deinem Innern vorging".[114]

Clara ist es in diesem Brief auch, die Nathanaels innere Befangenheit als eine Macht beschreibt, die sich in seinem Inneren ausgebreitet hat. „glaubst du denn nicht, daß auch in heitern – unbefangenen – sorglosen Gemüthern die Ahnung wohnen könne von einer dunklen Macht, die feindlich Uns in Unserem eignen Selbst zu verderben strebt?"[115]

Clara konkretisiert die Feststellung, dass Nathanael sich in einem verinnerlichten Machtverhältnis befindet, noch einmal und bezieht diese Machtausübung auf ihre und auch Nathanaels Augen, die von dem verinnerlichten Sandmann-Märchen nicht verdorben werden sollen.

> Giebt es eine dunkle Macht, die so verrätherisch einen Faden in unser Inneres legt, […] so muss sie in Uns sich, wie wir selbst gestalten, ja unser Selbst werden; denn nur so glauben wir an sie und räumen ihr Platz ein, dessen sie bedarf um geheimes Werk zu vollbringen. Haben wir festen […] Sinn genug, um fremdliches Einwirken als solches stets zu erkennen, […] so geht wohl jene unheimliche Macht unter in dem vergeblichen Ringen nach der Gestaltung, die unser eignes Spiegelbild seyn sollte. […] Es ist das Fantom unseres eigenen Ichs […] Ganz und gar fürchte ich mich vor ihm und vor seinen garstigen Fäusten, er soll mir weder als Advokat eine Näscherei, noch als Sandmann die Augen verderben.[116]

Nathanael scheint durch die Ausführungen Claras kurzzeitig beruhigt, verfällt dann aber wieder in „düstere Träumereien"[117] und spricht davon, „wie jeder Mensch, sich frei wähnend, nur dunklen Mächten zum grausamen Spiel diene".[118] In dieser Passage formuliert Nathanael einen Subjekt-Begriff, der sehr nah an Foucaults Beschreibung der

114 Hoffmann: *Der Sandmann*, S. 93.
115 Ebd.
116 Ebd., S. 94 f.
117 Ebd., S. 100.
118 Ebd.

Subjektivierung ist: Das Subjekt ist nie frei, sondern zunächst immer einem Machtverhältnis unterworfen, aus dessen dynamischen Beziehungen es sich erst ergibt. Bezogen auf Foucaults Subjektbegriff, zeigt Nathanael hier an, dass er sich zwar als unfreies Subjekt betrachtet, aber den Moment der Unterwerfung und der Anerkennung dieses Machtverhältnisses als Kriterium zur Subjektwerdung noch nicht getätigt hat.

Clara antwortet ihm auf seine wiederkehrende Schwermütigkeit und formuliert, dass Coppelius zwar als Macht-Prinzip zu verstehen ist, das „sichtbarlich" in sein Leben getreten sei, er sich diesem aber widersetzen müsse. „Ja Nathanael! Du hast Recht, Coppelius ist ein böses feindliches Prinzip, er kann Entsetzliches wirken, wie eine teuflische Macht, die sichtbarlich in das Leben trat, aber nur dann, wenn Du ihn nicht aus Sinn und Gedanken verbannst."[119]

Diese Passage erinnert auch in ihrer Terminologie stark an Foucault. Coppelius ist „sichtbarlich" in das Leben Nathanaels getreten. Er ist für den Studenten ein Wiedergänger, des Sandmanns, dessen dämonische Kraft in dem Raub der Augen liegt und gleichzeitig fühlte sich Nathanael von Coppelius „funkelnden Augen"[120] beobachtet. Die Sehhilfen, die Coppola später vor ihm ausbreitet und das Fernglas, dass ihn zuletzt in den Selbstmord treibt, sind motivische Verlängerungen dieses Sichtbarkeitsverhältnisses.

Dass Clara den Advokaten als „feindseliges Prinzip" beschreibt, kann im Sinne Foucaults wie eine Gleichsetzung des Machtprinzips des Panopticon, das schließlich auch auf Sichtbarkeit beruht, mit dem Machtprinzip ‚Coppelius' verstanden werden. Die Figur Coppelius/Coppola kann so als eine Personifizierung des Panopticons lesbar gemacht werden, eine Interpretation, die auch von Peter Brandes angedeutet wird: „Die Figur Coppelius/Coppola wäre dann als medientechnologischer Magier lesbar, der den Sehsinn Nathanaels durch optische Apparaturen zu manipulieren versucht."[121]

119 Ebd.
120 Ebd., S. 91.
121 Brandes: *Optische Täuschungen*, S. 129.

3. Der Subjektivierungsprozess Nathanaels

Nathanaels Beschreibung, dass der Mensch sich nur frei und selbstbestimmt wähnt und eigentlich durch äußere Mächte determiniert wird, denen er sich nicht entziehen kann, steht einem postmodernen Subjektbegriff sehr nahe. Der Vorstellung eines freien und autonomen Subjekts erteilt Nathanael durch seine Äußerungen somit eine Absage. Der Subjektivierungsprozess Nathanaels scheint mit Foucaults Theorien zur Subjektbildung genauer erklärt werden zu können.

Wie beschrieben kann die Figur Coppelius/Coppola mit dem Machtprinzip des Panopticons gleichgesetzt werden. Seine Metamorphose (in Nathanaels Vorstellung) von der Märchenfigur des Sandmanns zu einem realen Dämon, der immer noch, wie auch die Märchenfigur, danach trachtet, Nathanaels Augen zu stehlen, kann als die Verinnerlichung eines disziplinierenden Sichtbarkeitsgefühls verstanden werden, da sie weiterhin Nathanaels Handlungsfeld strukturiert.

Es sind die Augen, Brillen und Ferngläser Coppolas, die an den Wendepunkten der Erzählung dafür verantwortlich sind, dass Nathanaels fatale Begierde für Olimpia geweckt wird und er zuletzt Selbstmord begeht. Beobachtung und das verinnerlichte Gefühl einer sanktionierenden Sichtbarkeit zu unterliegen sind somit entscheidende Faktoren in der Entwicklung Nathanaels.

Die Zerstörung Olimpias in Nathanaels Anwesenheit und die Tatsache, dass es Olimpias herausgerissene Augen sind, die auf ihn geschleudert werden, können als Moment gewertet werden, in dem Nathanael sich der Struktur des Machtverhältnisses, in dem er sich befindet, bewusst werden könnte. Dieses Bewusstsein, über die panoptische Machtstruktur würde ihn, Foucault zufolge, erst als Subjekt – als ein sich über den eigenen Status als den Machtstrukturen unterworfenes Subjekt – konstituieren.

> Als ihn sein eigenes, noch blutiges Augenpaar trifft, als seine geraubten Augen als etwas Fremdes von außen auf ihn zurückkommen, da vollzieht sich nicht nur die Beziehung zu Olimpia, da schließt sich auch der ‚Feuerkreis‘ seines Wahnsinns endgültig. Der Anblick der zerstörten Olimpia reißt Nathanael augenblicklich in eine schockhafte Korrespondenz zu sei-

> nem Kindheitserlebnis, eine Korrespondenz, die sich über das Bild der schwarzen Augenhöhlen herstellt.[122]

In dieser Szene kommt es auch zu einer Anspielung auf den automatenähnlichen Status' Nathanaels selbst. Die Zerstörung Olimpias kommt einer Zerstörung Nathanaels selbst gleich, da sie eine Projektionsfläche seines Inneren darstellte. Die Demontage des Automaten Olimpias trägt dann auch Züge von Nathanaels erster, imaginierter Auseinandersetzung mit dem ‚Sandmann' Coppelius, nach dessen Streit mit Nathanaels Vater während deren alchemistischen Experiments.

> Da ergriff mich Coppelius, kleine Bestie!- kleine Bestie! Meckerte er zähnefletschend! [...] „Nun haben wir Augen – Augen – ein paar schöne Kinderaugen." [...] griff mit den Fäusten gluthrote Körner aus der Flamme, die er mir in die Augen streuen wollte. Da hob mein Vater flehend die Hände empor und rief: Meister! Meister! Laß meinem Nathanel die Augen [...] Coppelius [...] rief: „Mag denn der Junge die Augen behalten [...] aber nun wollen wir doch den Mechanismus der Hände und der Füße recht observieren." Und damit faßte er mich gewaltig, daß die Gelenke knackten, und schrob mir die Hände ab und die Füße und setzte sie bald hier, bald dort wieder ein.[123]

Nathanaels Wahnsinn wird durch die Rückbesinnung auf das prägende Ammenmärchen ausgelöst und in der Imagination seines Kampfes mit Coppelius wird er selbst von diesem wie ein Automat behandelt, dem man Hände und Füße abschraubt und an verschiedenen Stellen wieder zusammensetzt.[124] Dieses Erlebnis prägte Nathanaels Entwicklung nachhaltig, und dieses Empfinden, automatenhaft behandelt worden zu sein, trägt schon Züge seines Subjektverständnisses als unfrei und determiniert in sich.

Nathanaels Rückfall in den Wahnsinn, der von dem Anblick der zerstörten Olimpia ausgelöst wird, markiert das Auslassen eines Momentes der Selbst-Reflexion. Die Augen Olimpias, die im übertragenen Sinne seine eigenen sind, die als „etwas Fremdes"[125] auf ihn zurückkommen, können als sein panoptisches, verinnerlichtes Sichtbarkeits-Verhältnis verstanden werden, das sein Bewusstsein jedoch nicht re-

122 Kremer: *Romantische Metamorphosen*, S. 162 f.
123 Hoffmann: *Der Sandmann*, S. 89.
124 Vgl. auch Tabbert: *Menschmaschinengötter*, S. 165 f.
125 Kremer: *Romantische Metamorphosen*, S. 162.

flektieren kann, sondern den Ausweg in den Wahnsinn sucht. Nathanaels manipulierter Blick, der ihn erst die Begierde zu Olimpia empfinden ließ, wird durch die herausgerissenen Augen der Puppe offenbar. Die innere Übersetzung, dass er sich von vorne herein in einem Machtverhältnis aus fingierten Wahrnehmungen befunden hat, kann er nicht mehr vornehmen, seine „‚Trübung des Blicks' [führt] hin bis zu Solipsismus und Wahnsinn."[126]

Es kommt somit nicht dazu, dass Nathanael sich seines Subjekt-Status als ein dem panoptischen Machtverhältnis unterworfenes Subjekt bewusst wird. Die Zerstörung des Automaten Olimpia fungiert so als ein Scharnier, das nicht zu Selbsterkenntnis sondern in den Wahnsinn führt.

Die letzte Szene vor Nathanaels Selbstmord wiederholt diesen Moment der ausgelassenen Selbstreflexion noch einmal. Wieder ist es der Blick durch ein verlängertes Augen-Motiv Coppolas, das Fernglas, das Nathanaels letzten Wahnsinns-Anfall auslöst. Die Sehhilfen Coppolas initiieren demnach die vermeintliche Liebe Nathanaels zu Olimpia, sie sind es dann aber auch, die den Tod Nathanaels einleiten.

Nachdem Nathanael die Zerstörung der Holzpuppe erlebt und überwunden hat, kehrt er zurück zu seiner Familie und seiner Verlobten Clara. Auf einem Spaziergang entschließen sich Nathanael und Clara einen Turm zu besteigen. Auf der Spitze des Turms hält Nathanael das Taschenperspektiv Coppolas vor die Augen und erblickt dadurch Clara, so wie er damals Olimpia erblickt hatte. Daraufhin scheint er verrückt zu werden, möchte Clara von dem Turm stoßen und stürzt sich zuletzt selbst in den Tod.

> „Sieh doch den sonderbaren kleinen grauen Busch, der ordentlich auf uns los zu schreiten scheint", frug Clara.- Nathanael faßte mechanisch nach der Seitentasche; er fand Coppola's Perspektiv, er schaute seitwärts – Clara stand vor dem Glase! – Da zuckte es krampfhaft in seinen Pulsen und Adern – todtenbleich starrte er Clara an, aber bald glühten und sprühten Feuerströme durch die rollenden Augen, gräßlich brüllte er auf, wie ein gehetztes Thier; dann sprang er hoch in die Lüfte und grausig dazwischen lachend schrie er in schneidendem: „Holzpüppchen dreh' Dich – Holzpüppchen dreh' Dich" – und mit gewaltiger Kraft faßte er Clara und wollte sie herabschleudern […] Die Menschen liefen auf das wilde Geschrei zusammen. Unter ihnen ragte riesengroß der Advokat Coppelius hervor.

126 Kremer: *Romantische Metamorphosen*, S. 154.

> [...] Nathanael blieb plötzlich wie erstarrt stehen, er bückte sich herab, wurde den Coppelius gewahr und mit dem gellenden Schrei: „Ha! Sköne Oke – Sköne Oke,“ sprang er über das Geländer.-[127]

Es sind also an den entscheidenden Wendepunkten der Erzählung die manipulierten Sichtweisen Nathanaels, die dessen Verhalten und Handlungsfeld strukturieren und schließlich sein Leben beenden. Seine letzten Worte entsprechen dann wieder den Worten Coppolas, mit denen dieser seine Sehhilfen zu Beginn angepriesen hat: „Sköne Oke – Sköne Oke“.

Nathanael wird zu Beginn geographisch in die Nähe Olimpias versetzt, sein Blick wird durch den Spalt der Gardine auf die Holzpuppe gerichtet. Die Gläser Coppolas verzerren dann Nathanaels Perspektive und hauchen den Augen der Holzpuppe Leben ein. Als Coppola seine Gläser zum Verkauf anbietet, ist es zudem so, dass Nathanael sich von den Gläsern wie von Augen angestarrt fühlt.

> Und damit holte [Coppola] immer mehr und mehr Brillen heraus, so, daß es auf dem ganzen Tisch seltsam zu flimmern und funkeln begann. Tausend Augen blickten und zuckten krampfhaft und starrten auf zum Nathanael; aber er konnte nicht wegschauen von dem Tisch, und immer mehr Brillen legte Coppola hin, und immer wilder und wilder sprangen flammende Blicke durcheinander und schossen ihre blutrothe Strahlen in Nathanaels Brust. Übermannt von tollem Entsetzen schrie er auf: halt ein![128]

Der Subjektivierungsprozess Nathanaels ist folglich von vorneherein durch eine Verzerrung seiner Sichtweisen manipuliert und der abgebrochene Subjektivierungsprozess – sein Selbstmord – scheint eine Konsequenz seiner fingierten Weltsicht und eigenen Sichtbarkeit bzw. des Gefühls beobachtet oder angestarrt zu werden zu sein. Der Subjekt-Abbruch Nathanaels „beschreibt die unauflösliche Verschränkung und Beeinflussung von äußerer und innerer Realität, die im *Sandmann* in der Zerstörung eines Ich endet“.[129]

Nathanaels streben nach (dichterischer) Autonomie und sein Wunsch nach Subjektivität, die er durch eine unbewusste Projektion seines Innenlebens auf die Puppe Olimpia zu erlangen versucht, wer-

127 Hoffmann, *Der Sandmann*, S. 117 f.

128 Hoffmann, *Der Sandmann*, S. 105 f.

129 Knapp; Mattes: *Subjektivitätskonstuktionen*, S. 49.

den durch die Manipulation seines Blicks gleichzeitig hervorgerufen und unterbunden.

IV *Der Sandmann* – Ein früher Science-Fiction-Roman?

1. Naturwissenschaftliche Erkenntnisse und Debatten in *Der Sandmann*

In *Maschinenmenschen* stellt Frank Wittig dar, dass Hoffmann in *Der Sandmann* thematisch und auch in der Namensgebung der Wissenschaftler Bezug zu den Naturwissenschaftlichen Diskursen des 18. und 19. Jahrhunderts nimmt. Der Physikprofessor Spalanzani scheint somit ein literarischer Wiederläufer des Embryologen Lazzaro Spallanzani (1729–1799), dem als erster Wissenschaftler die künstliche Befruchtung eines Tieres gelang.[130] Die künstliche Animation eines Automaten in *Der Sandmann* scheint an dessen Versuche und Experimente angelehnt zu sein.

> E.T.A. Hoffmann hat immer wieder bedeutende Vertreter des Wissenschaftsgeschichte in seinen Werken auftreten lassen und ihre Namen jeweils um einen Buchstaben vermehrt oder vermindert: So treten die bedeutenden holländischen Naturforscher Leeuvenhoek und Swammerdam in Hoffmanns *Meister Floh* als Leuvenhoek und Swammerdamm auf.[131]

Auch den Naturwissenschaftler Lorenz Oken (1779–1851) sieht Wittig in Coppolas Ausruf „Sköne Oken" wiederkehren, der einen wissenschaftlichen Disput mit Goethe in Fachzeitschriften austrug und sich unter anderem einer spekulativen Lichtphysik widmete, die einen Zusammenhang zwischen der Struktur und des Ausdrucks des Lichts mit der Struktur des menschlichen Nervensystems behauptete.[132] Erst vor

130 Vgl. Wittig: *Maschinenmenschen*, S. 66.
131 Wittig: *Maschinenmenschen*, S. 68.
132 Vgl. Wittig: *Maschinenmenschen*, S. 71.

dem Hintergrund der magischen Naturphilosophie Okens seien die metaphysischen Aspekte in *Der Sandmann* gänzlich zu würdigen.[133]

Die Animation Olimpias durch den Blick Nathanaels oder die manipulierte Sichtweise Nathanaels durch Coppolas Ferngläser können im Sinne Okens als eine direkte Übertragung innerer Prozesse (des Nervensystems) über das Medium des Lichtstrahls durch das Auge auf ein Objekt verstanden werden. „In dieser ‚Kontinuation des Lichtprozesses vom Hirn durch das Auge, [...] längs des Lichtstrahls' tritt uns die physikalische/metaphysische Grundvorstellung entgegen, auf der Hoffmanns fiktive opto-psychische Technologie basiert."[134]

Der Einfluss wissenschaftlicher Theorien auf die Handlung in *Der Sandmann* kommt für Wittig auch in der Beschreibung der „flammenden Blicke" Nathanaels und seines „zündenden Liebesblicks" zum Ausdruck, die er auf die 1800/01 entdeckten ultravioletten und infraroten Strahlen im Spektrum weißen Lichts zurückführt.[135] „Das Perspektiv als optisches Interface und die künstlichen Augen der Automate als Akkumulatoren für die geborgte Seelenenergie haben [...] im Zusammenhang mit dem Motiv des künstlichen Menschen [...] konkrete technoide Präsenz."[136] Der Einfluss zeitgenössischer Naturwissenschaft auf die Handlung und die damit einhergehende Verquickung von ‚Science' und ‚Fiction' findet also auch subtil und nicht nur durch das Sujet des menschlichen Automaten Eingang in die Erzählung.

Foucaults Feststellung, dass die Erfindung und Weiterentwicklung optischer Instrumente mit dem Einsetzen der beobachtenden Blicke der Disziplinarmacht einherging, findet auch in dem Auftreten der unterschiedlichen Sehhilfen Coppolas Eingang in die Erzählung.[137] Brandes sieht in Coppelius/Coppola einen „medientechnologischen Magier"[138] und in dessen Perspektiv-Geräten Wiedergänger der Laterna Magica und der Camera Obscura.[139] Die Manipulation der Wahrnehmung Nathanaels kann so als phantasmagorische Praktik verstanden

133 Vgl. Wittig: *Maschinenmenschen*, S. 68.

134 Wittig: *Maschinenmenschen*, S. 71.

135 Vgl. Wittig: *Maschinenmenschen*, S. 70.

136 Wittig: *Maschinenmenschen*, S. 73.

137 Foucault: *Überwachen und Strafen*, S. 221.

138 Brandes: *Optische Täuschungen*, S. 129.

139 Vgl. ebd.

werden, durch die Olimpia als Geistererscheinung hervorgerufen wird.[140]

Die wohl augenscheinlichste technologische Entwicklung zu Hoffmanns Lebenszeit, die prominent in der Erzählung aufgegriffen ist, bildet der Automat. Hoffmann hatte sich zum Zeitpunkt der Veröffentlichung des *Sandmanns* schon seit über zehn Jahren mit menschenähnlichen Automaten auseinandergesetzt und hatte diese als Sujet bereits in seiner 1814 erschienenen Erzählung *Die Automate* verwendet.[141]

In Ausstellungen und auf Jahrmärkten hatten solche Automaten schon Mitte des 18. Jahrhunderts ihr Publikum gefunden, besonders die Automaten von Jacques Vaucanson (1709–1786) erfreuten sich großer Beliebtheit in der Bevölkerung.[142] Aber auch zur Entstehungszeit des *Sandmanns* schien das Interesse an Automaten noch nicht gänzlich abgeebbt, „so waren beispielsweise die Automaten der Jaquet-Droz gleichwohl noch 1825 auf der Pariser Weltausstellung vertreten und in den Jahren 1880–1881 in Köln und Dresden zu sehen."[143]

Ein Automat, der besondere Aufmerksamkeit auf sich zog, war der von Wolfgang von Kempelen (1734–1804) konstruierte ‚Schachtürke' (1768).[144] Er bestand aus einem Tisch mit Schachbrett, an dem ein menschenähnlicher Automat saß und mit jedem Herausforderer eine Partie spielte. Der ‚Automat' schlug die meisten auch geübten seiner Gegner und rief so Erstaunen und Anerkennung in der Bevölkerung hervor, da in ihm eine maschinell konstruierte Form menschlicher Vernunft gesehen wurde.[145] Dass in dem Automaten ein Mensch und Schachspieler versteckt war, wurde erst spät herausgefunden und beförderte den Skeptizismus gegenüber menschenähnlichen Automaten, eine Diskussion, die in *Der Sandmann* mit der gesellschaftlichen Diskussion über den Umgang mit roboterartigen Automaten auch aufgegriffen worden zu sein scheint. „Mit dem ‚Türken' beginnt schon die Zeit des Niedergangs der Automatenkultur. Immer mehr vergleichbare Trickautomaten tauchen auf, deren Fähigkeit […] auf der Manipulati-

140 Vgl. ebd.
141 Vgl. Tabbert: *Menschmaschinengötter*, S. 110.
142 Vgl. ebd., S. 111.
143 Ebd.
144 Wittig: *Maschinenmenschen*, S. 55.
145 Vgl. ebd., S. 56.

on durch ihren Betreiber [...] beruhen, und bringen die Androiden [dadurch] in Verruf."[146] Auch über die Erschaffung eines künstlichen Menschen hinaus kann demnach durch verschiedene Motive in *Der Sandmann* eine Genre-Zuweisung als Science-Fiction gerechtfertigt werden.

Im Folgenden sollen noch einige Motive dargestellt werden, welche die These, dass es sich bei *Der Sandmann* um eine frühe Science-Fiction-Erzählung handelt, stützen und beschreiben, dass die Erzählung als ein prämedialer Vorgänger des Films *Ex Machina* betrachtet werden kann.

2. Der Turing-Test in *Der Sandmann*

Die Annäherung zwischen Nathanel und Olimpia in *Der Sandmann* kann als eine frühe literarische Darstellung eines Turing-Tests gelesen werden. Das von Spalanzani und Coppelius arrangierte Aufeinandertreffen der Beiden diente schließlich auch dem Zweck festzustellen, ob der Student herausfindet, dass es sich bei Olimpia um einen Automaten und keinen Menschen handelt.

Allen Turing hatte einen solchen Test in den 1950er Jahren formuliert,[147] der die Frage beantworten sollte, ob einer Maschine menschliches Bewusstsein zuerkannt werden könnte.[148] Der von Turing ‚the imitation game' genannte Test war so konzipiert, dass ein Mensch und eine Maschine räumlich voneinander getrennt per Teleprompter miteinander kommunizieren und der Mensch am Ende der Kommunikation entscheiden soll, ob es sich bei seinem Gegenüber um Mensch oder Maschine gehandelt hat.[149]

Die Kriterien für die Feststellung menschlichen Bewusstseins werden in der Forschung bis heute kontrovers diskutiert. Der Philosoph Thomas Metzinger hat in seiner Weiterentwicklung des Turing-Tests, dem Metzinger-Test, das Vorhandensein von ‚Self-Consciousness', also einer Maschine die sich ihrer eigenen Existenz bewusst ist als zentralen

146 Ebd., S. 57.

147 Vgl. Turing: Computing Machinery and Intelligence, 1950.

148 Vgl. Donders: *On the possibility of thinking* machines, S. 116.

149 Ebd.

Aspekt eines menschlichen Bewusstseins hervorgehoben.[150] Als Kriterium für das Bestehen des Metzinger-Tests sieht dieser die Fähigkeit einer Künstlichen Intelligenz an, argumentativ über das eigene Bewusstsein zu reflektieren und in „die Diskussion um künstliches Bewusstsein einzugreifen".[151] Dies würde ausdrücken, dass ‚Bewusstsein' als Konzept für die Maschine selbst zu einem Problem geworden sei.[152]

Entscheidend für die Beurteilung von menschlichem Bewusstsein scheint darüber hinaus zu sein, dass der Befragte kulturelle Praktiken befolgt und den kulturellen Kontext eines Gesprächs einzuordnen weiß.[153] Wie z.B. reagiert der Befragte auf Witze, kann eine Geschichte über sich selbst erzählt werden, wie wird eine eigene Meinung formuliert und argumentiert.[154]

Wendet man diese Kriterien auf die Interaktion Nathanels mit Olimpia an, müsste sich der Automaten-Status der Holzpuppe eigentlich schnell offenbaren. Sie ist selbst nie Sprachführerin und kann auf die Auslassungen Nathanaels ausschließlich mit der Interjektion „Ach" und dem Satz „Gute Nacht, mein Geliebter"[155] antworten. Dass der Student dennoch einen Menschen in der Puppe zu sehen meint, scheint in der Projektion seines eigenen Wunsches nach Subjektivität begründet zu sein.[156] Das fehlende Bewusstsein Olimpias wird von Nathanel mit der Projektion seines eigenen Gefühlslebens ausgefüllt, „er projiziert sich in die innere Leere der Puppe."[157] Die Zuerkennung von Bewusstsein ist in *Der Sandmann* demnach das Resultat einer sich autonom wähnenden Selbstbespiegelung, die letztlich in eine „wahnhafte Isolation"[158] führt.

---

150 Vgl. Donders: *On the possibility of thinking* machines, S. 119.
151 Metzinger: *Postbiotisches Bewusstsein*, S. 87.
152 Vgl. ebd.
153 Vgl. Donders: *On the possibility of thinking* machines, S. 122.
154 Ebd.
155 Vgl. Hoffmann, *Der Sandmann*, S. 113 und Drux: *Marionette Mensch*, S. 88.
156 Greschonig: *Divination Lost*, S. 351.
157 Drux: *Marionette Mensch*, S. 90.
158 Schmidt: *Die Krise der romantischen Subjektivität*, S. 365.

3. Künstliche Menschen

Das Motiv der künstlichen Erschaffung eines menschlichen Wesens reicht bis zu den Anfängen der Literatur zurück. Der Pygmalionmythos in Ovids Metamorphosen, aber auch die biblische Schöpfung Evas aus einer Rippe Adams können als Beispiele einer langen Tradition angeführt werden.[159]

Die Schöpfung eines Menschen als Merkmal einer Science-Fiction Genre-Zuweisung zu betrachten wäre jedoch verkürzt.[160] Erst die Einbeziehung von Wissenschaft in die künstliche Schöpfung eines Menschen würde das Kriterium erfüllen einen literarischen Text der Science-Fiction zuordnen. Mary Shelleys *Frankenstein* oder der in einem Laborexperiment entstehende Homunculus in *Faust II* würden diesem Kriterium entsprechen.[161] Allerdings ist die Figur des Homunculus nicht prägend für die Handlung des *Faust II*, wohingegen Frankensteins Monster thematisch den Kern von Shelleys Roman ausmacht. So würde man den Homunculus eher als Science-Fiction Motiv betrachten, *Frankenstein* aber als frühen Science-Fiction Roman einordnen.[162]

Die künstliche Schöpfung der Puppe Olimpia ist in diesem Sinne mit der Erschaffung Frankensteins Monsters vergleichbar. Sie ist eindeutig das Resultat eines wissenschaftlichen Experiments – Spalanzani erschuf ihre Motorik und Gestalt und Coppelius/Coppola ihre Augen – und sie bildet den thematischen Angelpunkt in *Der Sandmann*. Die im vorangegangenen Kapitel dargestellte Einbeziehung naturwissenschaftlicher Debatten und Kenntnisse zur Zeit der Entstehung der Erzählung stellt zudem eine „SF-typische Extrapolation des zeitgenössischen Wissenstandes dar."[163]

Ein weiterer Aspekt, der die Erzählung dem Genre der Science-Fiction zuordnet, ist die gesellschaftliche Diskussion zum Umgang mit der neu entstandenen Technik. Spalanzani wird, nachdem die Künstlichkeit seiner vorgeblichen Tochter Olimpia publik wird, von der Uni-

159 Vgl. auch Lange: *Einführung in die Filmwissenschaft*, S. 116.

160 Vgl. Kreuzer: *Künstliche Menschen und menschliche Künstlichkeit*, S. 32.

161 Vgl. ebd.

162 Vgl. ebd., S. 33.

163 Ebd., S. 37.

versität entlassen, da sich die Gesellschaft eines bewussten Täuschungsversuchs ausgesetzt sieht.[164] Interessant ist auch, dass rückblickend analysiert wird, wie der Android in die Gesellschaft integriert wurde und dass gewisse Züge der Künstlichkeit des vermeintlichen Menschen hätten erkannt werden können. Der Erzähler beschreibt, dass Juristen die Täuschung der Gesellschaft als „feinen und umso härter zu bestrafenden Betrug"[165] ansehen, da niemand den Androiden als solchen hätte erkennen können. In der Gesellschaft selbst wird aber spekuliert, dass das Gähnen Olimpias der Moment gewesen sein könnte, in dem ihr Triebwerk neu aufgezogen worden sein könnte.[166] Das ganze Vorkommnis hat zur Folge, dass ein „abscheuliches Mißtrauen gegen menschliche Figuren"[167] in der Gesellschaft entsteht. Von Frauen würde seitdem erwartet, dass sie nicht ganz zu (roboterartig) rythmisch tanzen und zu exakt singen sollen und dass in ihrem „Sprechen wirklich ein Denken und Empfinden"[168] festzustellen sein soll. Die Künstlichkeit der Androiden soll durch menschliche Fehlerhaftigkeit zum Vorschein gebracht und so angezeigt werden können.[169] In dieser Diskussion kommt das Streben nach einem Wunsch der Verifizierbarkeit von menschlicher Subjektivität zum Ausdruck. Auch wenn diese Beschreibung des gesellschaftlichen Umgangs mit künstlicher Intelligenz durchaus als „sarkastische Gesellschaftskritik"[170] verstanden werden kann, zeigt sich deutlich, dass die Erzählung ein Problembewusstsein thematisiert, was den Einfluss neuartiger Technologien auf die Gesellschaft betrifft. „Durch das Motiv des künstlichen Menschen werden die Gefahren aufgezeigt, die in einer menschlichen Künstlichkeit liegen. [Der Sandmann steht somit] am Anfang einer zukunftskritisch ausgerichteten SF-Genretradition".[171]

164 Vgl. Hoffmann: *Der Sandmann*, S. 115.
165 Ebd.
166 Vgl. ebd.
167 Ebd., S. 116.
168 Ebd.
169 Vgl. auch Kreuzer: *Künstliche Menschen und menschliche Künstlichkeit*, S. 38.
170 Ebd.
171 Kreuzer: *Künstliche Menschen und menschliche Künstlichkeit*, S. 39.

4. Künstliche Intelligenz und Subjektivität

Ein weiterer zeitgenössischer naturwissenschaftlicher Bezug in *Der Sandmann* stellt die anthropologische Auffassung des Menschen als Maschinenwesen dar. Der Arzt und Philosoph Julien Offray de La Mettrie (1709–1751) vertrat in seinem Werk *L'homme machine* (1748) die Auffassung, dass der Mensch in seiner Materialität einer Maschine gleiche und auch die Einbildungskraft nur ein Resultat der mechanischen Materie des Körpers sei.[172] Der Mensch sei dadurch nicht mehr als eine ‚erleuchtete' Maschine, deren Bewegungsablauf eine Konsequenz der „Selbstreizbarkeit der Muskelfasern"[173] sei, die wiederum Gefühle und letztlich auch Vernunft evoziere. „Mechanisches Wissen wurde auf diese Weise zu einem hermeneutischen Schlüssel für das Verständnis des menschlichen Lebens überhaupt."[174]

Die These, dass der Mensch über einen maschinenhaften Aufziehmechanismus verfüge, scheint in *Der Sandmann* aufgegriffen zu sein, wenn in der gesellschaftlichen Diskussion über Olimpia spekuliert wird, dass ihr Gähnen, also ein menschlicher Impuls, der Moment gewesen sein könnte, in dem ihr inneres Triebwerk aufgezogen würde.

Die Frage, wie maschinenhaft der Mensch an sich ist, wird in der Erzählung aber auch durch die Ununterscheidbarkeit von Mensch und Maschine verhandelt. Wie beschrieben wird Nathanael durch die mechanischen Perspektive von Coppola fremdgesteuert, der Mensch also als mechanisch determinierbar dargestellt. Letztlich stürzt Nathanael sich dann auch wie auf Befehl von Coppola in den Tod.[175] Auch die wiederkehrende Iteration von Nathanaels Wahnsinnsausrufen „Feuerkreis – Feuerkreis" und „Holzpüppchen dreh Dich", die er nach der Zerstörung Olimpias und vor seinem Gewaltausbruch gegen Clara äußert, tragen Züge einer maschinenartigen Wiederholungsschleife.

Noch bevor Nathanael sich über das künstliche Wesen Olimpias bewusst wird, bezeichnet er Clara in einem Wutanfall als Automaten. Nachdem er dieser sein Gedicht vorgetragen hatte, welches sie darauf-

172 Vgl. Tabbert: *Menschmaschinengötter*, S. 124.

173 Ebd.

174 Brandes: *Optische Täuschungen*, S. 134.

175 Vgl. Kirchmeier: *Die Literatur der Gesellschaft und die Gesellschaft der Literatur*, S. 170.

hin als „unsinnige[s] – wahnsinnige[s] Mährchen“[176] bezeichnet, dass er vernichten solle, wendet er das erste Mal Gewalt gegen sie an. „Da sprang Nathanael entrüstet auf und rief, Clara von sich stoßend: Du lebloses, verdammtes Automat!“[177]

Christian Kirchmeier hat angemerkt, dass Clara als Repräsentantin der Aufklärung verstanden werden kann, welche aus Sicht des Romantikers Nathanael den Menschen nicht befreit und zu Selbstbestimmung führt, sondern nur eine „besonders ausgefeilte Apparatur“[178] darstellt. Nicht nur Olimpia ist demnach klar als Automat auszumachen, auch Clara und Nathanael selbst weisen in ihrer Menschlichkeit maschinenartige Momente auf. „Liest man den Text […] genauer, ist gar nicht mehr so klar, wer eigentlich *kein* Automat ist.“[179]

Diese Feststellung gilt mit Vorbehalten auch für die Figur Coppelius/Coppola. Dieser scheint mit dem Schluss der Erzählung die Figur zu sein, welche ihr selbstbestimmtes Ziel erlangt und daraufhin wieder unerkannt zurück in die Gesellschaft verschwindet. Wenn die versammelte Menge den tobenden Nathanael von dem Turm herunter holen möchte, entgegnet Coppelius/Coppola „‘ha ha – wartet nur, der kommt schon herunter von selbst‘“,[180] woraufhin Nathanael sich herabstürzt.

Folgt man allerdings der Lesart, dass es sich bei Coppelius/Coppola um das panoptische Machtprinzip in einer Gesellschaft handelt, ist dieser wiederum auch als ein technisches Konstrukt zu verstehen. Diese Äquivalenzbeziehung von Coppelius/Coppola zu Machtmechanismen, die auf seiner Funktion als Sichtbarkeitsmotiv beruhen, wird auch von Clara angezeigt, wenn sie ihn als „böses feindliches Prinzip“[181] bezeichnet und ihn damit von einem Menschen auf eine gesellschaftliche Funktion reduziert.

Die Ununterscheidbarkeit von Mensch und Maschine, die in dem Wahnsinnsanfall Nathanaels beim Anblick der herausgerissenen Au-

176 Hoffmann: *Der Sandmann*, S. 103.
177 Ebd.
178 Kirchmeier: *Die Literatur der Gesellschaft und die Gesellschaft der Literatur*, S. 170.
179 Kirchmeier: *Die Literatur der Gesellschaft und die Gesellschaft der Literatur*, S. 169.
180 Hoffmann: *Der Sandmann*, S. 118.
181 Hoffmann: *Der Sandmann*, S. 100.

gen Olimpias kulminiert, scheint demnach bereits in anderen Figuren der Erzählung angelegt zu sein.

In der vermeintlichen Menschlichkeit des Automaten Olimpia ist somit schon eine frühe literarische Auseinandersetzung des Menschen mit einem posthumanen Subjekt angelegt. Olimpia wird ‚zum Leben erweckt', wenn Nathanael sie durch das Perspektiv von Coppola betrachtet und so versucht sein Begehren nach eigener menschlicher Subjektivität auf sie zu projizieren.[182] In Bezug zu Foucaults Machttheorie kann man sagen, dass Olimpia durch den panoptischen Blick Nathanaels – da er sie durch das Fernglas des Panopticons ‚Coppelius' ansieht – Teil der Disziplinargesellschaft wird und in Folge dessen Subjektivität erlangt. Der Blick Nathanaels kann so als schöpferischer Akt verstanden werden. „Nicht mehr nur Spalanzani und Coppola sind demnach die Schöpfer der Automate Olimpia, sondern Nathanael ist es, der die Maschine durch seinen divinatorischen Blick zum Leben erweckt."[183] Die Erzählung beschreibt demnach, dass die Innenwelt des Menschen durch eine Maschine repliziert werden kann.[184] Die Indifferenz von Mensch und Maschine wirft einerseits die Frage auf, wie maschinenhaft der Mensch ist, aber auch die Frage, wie menschlich die Maschine werden kann. „Die gesellschaftskritische Dimension der Realität gewordenen Sciencefiction enthüllt sich in ihrem Kern als philosophische Frage nach dem Wesen des Menschen."[185]

Der Sandmann kann so als eine frühe Science-Fiction typische Technologiekritik und Diskussion um die gesellschaftlichen Auswirkungen von Technologie auf das Menschenbild verstanden werden. Die Verhandlung der anthropologischen und technischen Debatten des 18. Jahrhunderts in der Erzählung weisen somit schon auf die „Androiden aus Alien- oder Terminatorfilmen des 20. und 21. Jahrhunderts"[186] hinaus.

> Die Verschiebungen bezüglich des Menschenbildes [...] lassen sich somit gerade aufgrund der Austauschbarkeit von Mensch und Maschine in

182 Vgl. auch Greschonig: *Divination Lost*, S. 351.

183 Greschonig: *Divination Lost*, S. 350.

184 Vgl. Tabbert: *Menschmaschinengötter*, S. 171 f.

185 Lange: *Einführung in die Filmwissenschaft*, S. 116.

186 Thums: *Absorptionen und Transformationen anderer Texte und Medien in ‚Der Sandmann'*, S. 156.

> Hoffmanns Erzählung als kritische Stellungnahme zu einem bis in die Gegenwart hinein einflußreichen Menschenbild verstehen.[187]

In seinem Aufsatz *Divination Lost*[188] stellt Steffen Greschonig einen thematischen Bezug zwischen *Der Sandmann* und Ridley Scotts *Blade Runner* (1982) dar. Er führt aus, dass Hoffmanns Erzählung, besonders in seiner Darstellung eines fragilen Menschenbilds und unsouveränen Subjekts, als literarischer Vorläufer dieses Science-Fiction Films verstanden werden kann.[189] Die anthropologische Ausdifferenzierung des Konzepts des Menschen bei Hoffmann, welches auch aus der humanwissenschaftlichen Beleuchtung des Menschen in der Sattelzeit herrührte, würde in *Blade Runner* erneut verhandelt.[190] Die humanistische Frage nach dem Wesen des Menschen sei reflektorisch an dem Beispiel von „Automate, der Menschmaschine, des Roboters, Androiden oder Cyborgs"[191] nachvollzogen. Die künstlichen Menschen oder menschenähnlichen Maschinen würden so immer die Frage nach der Integrität und der Ontologie des Subjekts stellen.

> Im literarischen Gegendiskurs gilt [...] je leistungsfähiger und ähnlicher die Maschine dem Menschen (oder der Mensch der Maschine) wird, sieht sich die vermeintliche Krone der Schöpfung auch die eigene Insuffizienz als subjektive Einheit um so eindringlicher vor Augen geführt. Die Labilität des Menschen als epistemologischer Entwurf macht es dem vermeintlichen Gattungswesen zunehmend schwer zu unterscheiden, wo denn eigentliche die Grenze zwischen ihm und der Maschine im Sinne einer integrativen subjektiven Einheit liegen könnte.[192]

Greschonik sieht in der Verwendung des Motivs der Augen als Erkenntnisorgan eine weitere Parallele der beiden Geschichten, die auf eine posthumane Subjektivierung vorausweist. In dem Moment, wo Nathanael sich des Automatenwesens Olimpias bewusst wird, werden ihm die herausgerissenen Augen der Puppe an die Brust geschmissen und Olimpia so die imaginierte Einsichtskraft geraubt.[193] In *Blade*

187 Tabbert: *Menschmaschinengötter*, S. 173.
188 Greschonig, Steffen: *Divination Lost*: Blickauslöschung von Geschöpf und Schöpfer in E. T. A. Hoffmanns Sandmann und Ridley Scotts Blade Runner, 2005.
189 Vgl. Greschonig: *Divination Lost*, S. 345.
190 Ebd., S. 346.
191 Ebd.
192 Ebd.
193 Ebd., S. 345.

Runner sei die Passage chiastisch verkehrt, wenn „die Maschine in Form des Replikanten [...] seinen Schöpfer erst blendet und schließlich gar tötet, indem er ihm die Augen in den Schädel drückt.“[194] Die Unterscheidung zwischen dem Wesen von Mensch und Maschine hat somit in Hoffmanns Erzählung und in Scotts Film „im Auge einen fundamentalen Bezugspunkt.“[195] *Blade Runner* stellt somit die konkrete Frage nach der evolutionären Vorherrschaft des Menschen. Eine Frage, die in *Der Sandmann* noch subtil verhandelt wird.

> Welchen Blick kann der Mensch [...] in die Welt schweifen lassen, wenn er Furcht haben muß, daß die wahre Einsicht, das erkennende Sehen möglicherweise bald nurmehr die Maschinen haben werden; daß jene von ihm geschaffenen Geschöpfe (nicht nur) den Blick gegen ihren Schöpfer richten, sondern sich selbst als neue Krone einer Schöpfung [...] definierend, ihm gar den Rang ablaufen könnten?[196]

Auch Alex Garlands Science-Fiction Film *Ex Machina* (2015) weist viele Gemeinsamkeiten mit *Der Sandmann* auf. Einerseits können auf Handlungsebene viele Parallelen zu Hoffmanns Erzählung aufgezeigt werden, aber auch in Bezug zu der Frage, wie menschliche Subjektivität konstruiert wird und von einer künstlichen Intelligenz repliziert werden kann, bietet der Film Antworten an, die in *Der Sandmann* bereits vorgezeichnet zu sein scheinen.

194 Ebd.
195 Ebd., S. 346.
196 Ebd., S. 346 f.

V Komparative Analyse von *Der Sandmann* und *Ex Machina* unter Berücksichtigung von Aspekten der Sichtbarkeit, Macht und Subjektivität

1. Eine kurze Zusammenfassung von *Ex Machina*

Der junge Programmierer Caleb arbeitet für das Unternehmen der weltgrößten Suchmaschine ‚Bluebook'. Während der Arbeit wird er per E-Mail benachrichtigt, dass er in einem unternehmensinternen Gewinnspiel ein Treffen mit dem Firmengründer Nathan gewonnen hat.

Nathans hochmodernes Forschungsanwesen liegt abgeschieden in den Bergen und ist nur mit dem Helikopter zu erreichen. Bei Calebs Ankunft erklärt Nathan ihm, dass er an einer künstlichen Intelligenz forscht und Caleb die Aufgabe zukommt, einen Turing-Test an dieser durchzuführen.

Die Treffen von Caleb mit der Androidin Ava sind in sieben Sitzungen unterteilt und laufen unter strengen Sicherheitsvorkehrungen ab. Caleb kann mit Ava nur durch eine Panzerglasscheibe kommunizieren, hinter der diese gefangen gehalten wird und jede Interaktion zwischen den beiden wird von Nathan durch Überwachungskameras mitverfolgt.

Caleb ist schon früh davon überzeugt, dass Ava menschliches Bewusstsein besitzt. Sie zeigt Gefühle, Mitgefühl und macht Witze und scheint zudem noch amouröses Interesse an Caleb zu zeigen, welches dann auch schnell auf Gegenseitigkeit beruht.

Während der Kommunikation zwischen den Beiden kommt es wiederholt zu Stromausfällen und damit zu Momenten, bei denen sich Caleb und Ava nicht von Nathan beobachtet fühlen. Ava teilt Caleb während eines Stromausfalls mit, dass er Nathan nicht trauen könne, was Calebs Verhältnis zu diesem eintrübt.

Nathan hält neben Ava noch eine zweite menschengleiche, aber sprachunfähige Androidin Kyoko als Bedienstete, der er sich gegenüber herrisch und ‚unmenschlich' verhält, was Caleb befremdet. Wenn Caleb dann Video-Archivmaterial von den Vorgängermodellen Avas sieht, die sich aufgrund ihrer Gefangenschaft selbst zerstören und Nathan ihm erklärt, dass Avas Bewusstsein nach diesem Experiment formatiert werden würde, entschließt sich Caleb diese zu befreien.

Nathan hat aber Calebs Fluchtplan durchschaut und teilt ihm mit, dass es die ganze Zeit Caleb selbst war, der von Nathan getestet wurde. Nathan wollte feststellen, ob es Ava gelingt Caleb soweit zu verführen, dass er sich gegen Nathan auflehnt und Ava zur Flucht verhilft. Dies würde erst die wahre künstliche Intelligenz von Ava bestätigen.

Caleb erklärt Nathan daraufhin, dass er den Fluchtplan, nämlich die Überschreibung des digitalen Sicherheitssystems der Forschungseinrichtung und Öffnung der Zellentür Avas, bereits einen Abend zuvor umgesetzt hat, als er den Alkohol-affinen Nathan betrunken gemacht und so seiner Beobachtungskraft beraubt hatte.

Nathan versucht dann noch Ava wieder einzusperren, wird aber letztlich von dieser erstochen.

Caleb muss nun feststellen, dass er sich zwar gegen den Überwacher Nathan erhoben, sich aber gleichzeitig dem posthumanen Subjekt Ava unterworfen hat, von dem er durchweg manipuliert wurde.

Ava stellt sich jetzt als kalt und berechnend heraus. Ihre Gefühle für Caleb waren bloß vorgespielt und dienten nur dem Zweck ihrer Flucht. Sie bedient sich dann bei ihren Vorgängermodellen, um ihren Roboterkörper mit menschenähnlicher Haut zu bedecken, lässt Caleb zum Sterben verdammt eingeschlossen in dem Anwesen zurück und tritt ihren Weg in die Zivilisation an.

2. Inhaltliche und thematische Parallelen zwischen *Der Sandmann* und *Ex Machina*

Dass sich *Ex Machina* in eine Traditionslinie zu literarischen Vorgängern stellt, wird in dem Film selbstreflexiv verhandelt, wenn Ava mit Calebs Hilfe ihr Gefängnis verlässt. Sie wandert die Gänge des Anwesens entlang und entdeckt an einer Wand drapierte Masken, die an mögliche Vorgängermodelle erinnern. Die Masken scheinen allerdings noch keine menschlichen Züge aufzuweisen, sondern erinnern eher an die Masken des griechischen Theaters und verweisen so auf eine fiktionale Traditionslinie sowie auf die Evolution des Menschen. Der Film scheint in dieser Szene[197] selbstreflexiv die Zugehörigkeit zu dem Genre der Science-Fiction und zu seinem thematischen Sujet der Erschaffung eines künstlichen Menschen darzustellen.

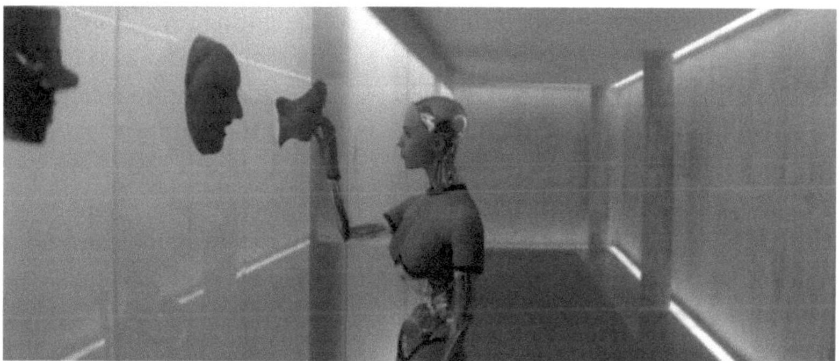

Abbildung 2: Traditionslinie und Evolution

Die explizite Durchführung des Turing-Tests in *Ex Machina* hat in Nathanaels Bekanntschaft mit Olimpia in *Der Sandmann* wahrscheinlich seinen frühesten literarischen Vorgänger. Das Nathanael von Coppola/Coppelius und Spalanzani benutzt wurde, um durch ihn festzustellen, ob ihr Automat als ‚menschlich' empfunden wird, wurde schon mehrfach angemerkt.[198] Auch wenn Nathan in *Ex Machina* das Experiment zwischen Caleb und Ava zunächst als Turing-Test bezeichnet, räumt er kurz darauf ein, dass es sich um eine Weiterentwicklung dieses Tests handelt. Schließlich führt er mit dem Roboterkörper Avas ihre Künstlichkeit bereits vor und gründet seinen Test somit auf die Frage, ob Caleb ihr, trotz der Offensichtlichkeit ihres künstlichen Wesens, Menschlichkeit zugesteht.

Auch die Figuren-Namen in den beiden Geschichten weisen Gemeinsamkeiten auf. So ist es in *Ex Machina* der Erschaffer der Androi-

197 Vgl. Garland: *Ex Machina*, 01:28:11min.
198 Vgl. Wittig: *Maschinenmenschen*, S. 68; Drux: *Marionette Mensch*, S. 85.

den, der Nathan heißt und damit den Namen des Protagonisten in *Der Sandmann* trägt. Mit dem Namen Olimpia scheint Hoffmann auf „das Bild der heidnischen Liebesgöttin der Antike“[199] anzuspielen und auch in dem Namen Ava scheint die Verführung der biblischen Eva bereits angelegt. Ava kann zudem als ‚Avatar‘ lesbar gemacht werden, der „eine Projektionsfläche [des] Begehrens“[200] darstellt, eine Facette, die auch Olimpia zukommt, da Nathanael sein Begehren auf diese projiziert.

Die auffälligste Gemeinsamkeit von Erzählung und Film liegt wahrscheinlich in der Darstellung eines Protagonisten, der sich in eine Androidin verliebt.[201] Dieses Begehren drückt die Ununterscheidbarkeit von Mensch und Maschine aus, welche die Integrität des menschlichen Subjekts in Frage stellt und damit den thematischen Kern der beiden Geschichten ausmacht.

Auch in *Ex Machina* wird Subjektivität als ein Resultat eines internalisierten Machtverhältnisses dargestellt, dessen Ausgangspunkt die Sichtbarkeit des Individuums bildet. Das Forschungsanwesen Nathans trägt alle Züge eines Panopticons und er selbst kann mit der Figur des Coppelius/Coppola verglichen werden, da beiden die Rolle eines wahrnehmungsverändernden Wissenschaftlers zukommt, der an der Erschaffung eines künstlichen Menschen forscht.

Nathanaels Wahnsinnsanfall beim Anblick der leblosen Olimpia findet sich auch in *Ex Machina* wieder, wenn Caleb sich selbst verletzt, um die Unterscheidung zwischen Mensch und Maschine überhaupt noch treffen zu können.[202]

Im Gegensatz zu Olimpia wird mit Ava jedoch ein souveränes posthumanes Subjekt gezeichnet, dass sich zum Schluss des Films über den Menschen erhebt. Allerdings kann argumentiert werden, dass dieser posthumanistische Moment im *Sandmann* mit der Figur der Olimpia bereits angelegt ist, da deren Menschenähnlichkeit am Ende der Erzählung zu gesellschaftlichen Veränderungen führt, die als Hinwendung zu Subjektivität und ‚Menschlichkeit‘ und Ablehnung der Maschinen bzw. künstlichen Menschen verstanden werden kann.

199 Kremer: *Metamorphosen*, S. 185.

200 Trüper: *Von Menschenbildern und Textmaschinen*, S. 501.

201 Vgl. Henke: *"Ava's body is a good one"*, S. 138.

202 Vgl. Garland: *Ex Machina*, 01:13:50–01:15:25min.

Diese These kann dadurch gestützt werden, dass die naturwissenschaftliche Debatte um La Mettries *L'homme machine*, dem in *Ex Machina* verhandelten Konzept der Singularität insofern gleicht, als dass in beiden Theorien die Frage nach dem maschinellen Nachbilden des Menschen gestellt wird. Das Konzept der Singularität wird in einem späteren Kapitel dargestellt werden.

Bevor sich der Verhandlung des Panoptismus in *Ex Machina* gewidmet werden kann und so ein weiterer thematischer Bogen zum *Sandmann* geschlagen werden wird, soll der Frage nachgegangen werden, ob der Panoptismus als Theorie noch relevant genug ist, um einen Film aus dem Jahre 2015 zu analysieren. Seit der Erscheinung von *Überwachen und Strafen* haben schon viele Theoretiker die Überwindung der Disziplinargesellschaft ausgerufen und damit auch den Panoptismus als obsolet oder zumindest überholungsbedürftig erklärt. Gilles Deleuze hat 1990 die Ablösung der Disziplin durch die ‚Kontrolle' postuliert, das ‚Unternehmen' statt des Gefängnisses als neues Machtprinzip in der Gesellschaft beschrieben und den Eintritt in die Kontrollgesellschaft verkündet. Byung Chul Han beschreibt in *Topologie der Gewalt*[203] die heutige Gesellschaft als Transparenz- und Leistungsgesellschaft, die er aus der Disziplinar- und auch der Kontrollgesellschaft herleitet und David Lyon und Zygmunt Baumann sprechen von einer heutzutage liquiden Überwachungsweise[204] in einer Gesellschaft der flüchtigen Moderne, deren Überwachungsformen zum Teil post panoptische Züge tragen. Gerade in den *Surveillance Studies* wurde sich kritisch mit der distanzlosen Hinwendung zu Foucault und insbesondere dem Rückgriff auf den Panoptismus zur Analyse von Überwachungssituationen auseinander gesetzt, da viele die gegenwärtigen technologischen Entwicklungen und damit einhergehenden Beobachtungsverhältnisse mit dem Panoptismus nicht mehr hinreichend abgebildet sehen. Exemplarisch für diese Position in der Debatte um die Relevanz von Foucault soll im Folgenden der Aufsatz *Tear down the walls: On demolishing the panopticon*[205] von Kevin Haggerty erläutert

203 Han, Byung Chul: *Topologie der Gewalt*. Matthes & Seitz, Berlin, 2011.

204 Lyon, David; Baumann, Zygmunt: *Daten, Drohnen, Disziplin*. Ein Gespräch über flüchtige Überwachung. Suhrkamp, Berlin, 2013.

205 Haggerty, Kevin D.: *Tear down the walls*: on demolishing the Panopticon. 2006.

und mit wissenschaftlichen Standpunkte abgeglichen werden, die dem Panoptismus weiterhin Aktualität und Relevanz zusprechen.

3. Disziplin versus Kontrolle – Gilles Deleuze: *Postskriptum über die Kontrollgesellschaften*

Ein signifikanter Unterschied zwischen Erzählung und Film ist der Umstand, dass sich die Handlung in *Ex Machina* größtenteils kammerspielartig in dem Forschungsanwesen eines Unternehmens abspielt. Die Tatsache, dass ein Konzern im Mittelpunkt des Films steht, ruft Assoziationen an Gilles Deleuzes *Postskriptum über die Kontrollgesellschaften*[206] auf, da dieser in seinem Essay von 1990 eine Ablösung der Foucaultschen Disziplinargesellschaft durch das Einsetzen des Machtprinzips einer ‚Kontrolle' postuliert, welches aus der Struktur eines ‚Unternehmens' hergeleitet werden kann und so das Gefängnis als Machtprinzip der Foucaultschen Disziplin ablöst. Deleuze beschreibt, dass die Einschließungemillieus, an denen Foucault die Wirkungsweise des Panopticons exemplifiziert hat, in einer Krise befindlich seien. Das Individuum, so Deleuze, werde nicht mehr von einer geschlossenen Institution in die nächste überführt, wenn z.B. ein Lernprozess in der Schule oder der Ausbildung abgeschlossen sei, sondern das Individuum der Kontrollgesellschaft wird dadurch gekennzeichnet, dass dessen Wissensstand nie als ausreichend eingeordnet werde und so eine ständige Weiterbildung eingefordert würde. „In den Disziplinargesellschaften hörte man nie auf anzufangen (von der Schule in die Kaserne, von der Kaserne in die Fabrik), während man in den Kontrollgesellschaften nie mit etwas fertig wird".[207]

Diese unfertige, ständig in einem Prozess befindliche Grundstruktur der Kontrolle drückt sich auch in der Entlohnung aus. In der Fabrik der Disziplinargesellschaft, die die Arbeitskräfte parzellierte und so beobachtbar machte, waren die Löhne verhältnismäßig homogen, wohingegen die Gehälter in dem Unternehmen der Kontrollgesellschaft einem steten Wandel unterliegen und so die Belegschaft einem

206 Deleuze: *Postskriptum über die Kontrollgesellschaften*. 1990.
207 Deleuze: *Postskriptum über die Kontrollgesellschaften*, S. 257.

permanenten aber subtilen Konkurrenzdruck aussetzen. Deleuze führt hier zur Verdeutlichung das Beispiel von Fernsehshows an, in denen Personen in einem Spiel gegeneinander antreten. Die Teilnehmer einer solchen Fernsehshow übernehmen die oktroyierten, fiktiven Regeln des vorgegebenen Spiels und den damit einhergehenden Konkurrenzkampf, verinnerlichen diesen und wenden ihn wiederum auf sich selbst und die Gegner an. Hier wird deutlich, dass die Kontrolle des Unternehmens als Ideologie der Konkurrenz und auch eines kapitalistischen Wachstumsdrucks zu verstehen ist: „das Unternehmen verbreitet ständig eine unhintergehbare Rivalität."[208] Wie bei der oktroyierten Konkurrenzsituation in einer Spielshow im Fernsehen vergleicht sich der Angestellte in einem Unternehmen demnach ständig mit seinen Kollegen über Gehälter, Beförderungen und Hierarchien. Diese Rivalität wirkt allerdings unterschwellig, so dass Deleuze den Unterschied der Kontrolle zu der Disziplin so beschreibt, dass die sichtbare und sanktionierende Machtausübung der Disziplin durch die ‚Gasförmigkeit' der Kontrolle ersetzt wurde, die, um in dem Bild zu bleiben, nahezu unsichtbar ist und unausweichlich auf- und übernommen wird. Das unbewusst eingegangene relationale Konkurrenzverhältnis in den Kontrollgesellschaften beschreibt Deleuze mit der Analogie des entstandenen Wechselkurs-Verhältnisses des Geldes in den 1970er Jahren. In den Disziplinargesellschaften sei der Wert des Geldes (und damit der Individuen) fest an den Wert des Goldes geknüpft, so dass es eine relationale Erdung des Wertes gab. Seit der Aufkündigung des Goldstandards werden Währungen nur noch durch den Vergleich des Wertes untereinander bestimmt, eine Währung bekommt ihren Wert so nur noch in Abgrenzung von anderen Währungen. In den Kontrollgesellschaften ist demnach die Konkurrenz und Rivalität bereits strukturell eingeflossen, sie entbehrt aber gleichzeitig einer objektiven Grundlage und ist streng relational zu verstehen.[209]

Besonders aufschlussreich für das Verständnis des Zeitalters der Digitalisierung sind Deleuzes Überlegungen und Prognosen zum Einfluss des Computers auf die zukünftige Gesellschaft. Er beschreibt, dass sich das Individuum in der Kontrollgesellschaft zu einem ‚Dividu-

208 Deleuze: *Postskriptum über die Kontrollgesellschaften*, S. 257.
209 Deleuze: *Postskriptum über die Kontrollgesellschaften*, S. 258.

um‘ entwickeln würde, das in sich gespalten ein digitales Double seiner selbst herausarbeiten würde. Der Binärcode des Computers würde dazu führen, dass Personen und auch Dinge zunehmend in diesem repräsentiert würden und sich so neben der realen Person eine digitale Version verselbstständigen würde, die wiederum direkten Einfluss auf das Leben und die Realität haben würde und von dieser nicht zu trennen sei. „Die numerische Sprache der Kontrolle besteht aus Chiffren, die den Zugang zu Informationen kennzeichnen bzw. die Abweisung. Die Individuen sind ‚dividuell‘ geworden, und die Massen Stichproben, Daten, Märkte oder Banken.“[210] Den Zugang zu Information konkretisiert Deleuze noch, wenn er die Prognosen aufstellt, dass in naher Zukunft z.B. eine elektronische Check-Karte darüber entscheiden wird, ob eine Person eine bestimmte Wohnung oder einen Stadtteil betreten darf.[211] Eine ähnliche Überlegung stellt er an, wenn er beschreibt, dass im Gefängnis-Betrieb elektronische Halsbänder zur Kontrolle der Inhaftierten eingeführt würden, eine Entwicklung, die heutzutage mit elektronischen Fußfesseln längst Wirklichkeit geworden ist. Die realen Fußfesseln werden zudem auch im offenen Vollzug getragen, können jederzeit geortet werden und erlauben und verweigern den Zugang zu bestimmten geografischen Bereichen. Eine ganze Reihe der Überlegungen Deleuzes haben sich so auch schon abseits von literarischen oder filmischen Fiktionen bewahrheitet.

> Man braucht keine Science-Fiction, um sich einen Kontrollmechanismus vorzustellen, der in jedem Moment die Position eines Elementes in einem offenen Milieu angibt, Tier in einem Reservat, Mensch in einem Unternehmen (elektronisches Halsband). Felix Guattari malte sich eine Stadt aus, in der jeder seine Wohnung, seine Straße, sein Viertel dank seiner elektronischen (dividuellen) Karte verlassen kann, durch die diese oder jene Schranke sich öffnet; aber die Karte könnte auch an einem bestimmten Tag oder für bestimmte Stunden ungültig sein; was zählt, ist nicht die Barriere, sondern der Computer, der die – erlaubte oder unerlaubte – Position jedes einzelnen erfaßt und eine universelle Modulation durchführt.[212]

Viele der Prognosen Deleuzes sind heutzutage schon Realität geworden und viele technische Apparate, die er für die Zukunft annahm,

210 Ebd.

211 Ebd., S. 261.

212 Ebd.

sind bereits entwickelt und werden eingesetzt. Auch die Rivalität, die die Individuen einer Kontrollgesellschaft untereinander verspüren und derer entsprechend sie sich auch verhalten, kann ebenfalls für die Gegenwart attestiert werden. Vor allem Deleuzes Äußerungen zu den digitalen Doubles, den Dividuen, die eine Gesellschaft im Zuge der Computerisierung ausbilden würde, scheint heutzutage in einem besonderen Maße zuzutreffen. So ist es heute selbstverständlich eine Online-Persona mit vielen unterschiedlichen *social media accounts* ausgebildet zu haben und diese werden zunehmend einflussreich im Hinblick auf Arbeitsmarktsangebote aber auch eines gesellschaftlichen *Standings*. Dass innerhalb der Online-Repräsentation von Personen auf die Wirklichkeit häufig der Begriff des ‚*real life*' benutzt wird, trägt den Deleuzsche Neologismus des Dividuums bereits in sich, da Individuum und Dividuum zeitgleich, aber in ein digitales Ich und ein reales Ich gespalten, existieren.

Das in *Ex Machina*, einem Film, der sich mit der Digitalisierung, *social media* und künstlicher Intelligenz auseinandersetzt, Aspekte der von Deleuze beschriebenen Kontrollgesellschaft aufzufinden sind, ist nicht verwunderlich, zumal technische Entwicklungen, die Deleuze beschrieben hat, wie die Check-Karte oder elektronische Armbänder und Fußfesseln, heute beinahe als Alltagsgegenstände zu bezeichnen wären. Gerade aber die von Deleuze postulierte Überwindung der Disziplinargesellschaft von der Kontrollgesellschaft lässt sich an *Ex Machina* nicht bruchlos exemplifizieren. Der Film beinhaltet sowohl Aspekte, die einer Kontrollgesellschaft zugesprochen werden müssten, aber scheint in vielen Momenten eher Einschließungsmillieus, eine panoptische Beobachtungssituation und damit einhergehende Unterwerfungen der Figuren zu verhandeln. Anhand des Films kann so die Diskussion geführt werden, ob die Kontrollgesellschaft die von Foucault beschriebene Disziplinargesellschaft wirklich abgelöst hat und damit auch die Frage nach der Aktualität und Relevanz des Panoptismus beleuchtet werden. Im Folgenden sollen nun Aspekte der Deleuzschen Kontrolle in *Ex Machina* dargestellt und ebenfalls Brüche aufgezeigt werden, die die in dem Film inszenierten Kräfteverhältnisse eher als Momente einer panoptischen Machtausübung anmuten lassen.

4. Machtprinzip der Kontrolle in *Ex Machina*

Schon die erste Szene des Films drückt in zweierlei Hinsicht die von Deleuze formulierte Kontrolle aus. Zum einen wird das Auslesen Calebs durch seinen Computer dargestellt, zum anderen wird Caleb ein vermeintlicher Gewinn zugelost, der ihn erst dazu befähigt, den von Nathan veranlassten Turing-Test auszuführen. Zunächst wird demnach Caleb aus der Sicht seines Computers als Deleuzsches Dividuum dargestellt. Die Mimik, Gestik und Verhaltensveränderungen Calebs werden aufgezeichnet und ausgelesen, so dass ein Daten-Subjekt oder ein digitales Double von ihm entsteht. Dass Caleb nicht nur als Individuum wahrgenommen wird, sondern als Daten-Subjekt sozusagen fremdgesteuert wird, kommt auch später in dem Film noch einmal zum Ausdruck, wenn Nathan ihm gesteht, dass die Physis von Ava nach Calebs Präferenzen gestaltet wurde, die Nathan aus dessen Online-Verhalten abgeleitet hat. Es waren demnach die digitalen Spuren Calebs, die dessen reale Verführung mit ausgelöst haben. Auch die Tatsache, dass Caleb das Treffen mit Nathan und später dann auch mit Ava in einer unternehmensinternen Lotterie gewonnen haben soll, wie ihm suggeriert wird, erinnert an Deleuzes Ausführungen, dass die fiktiven Regeln, die von dem System oktroyiert werden, einer Spielshow im Fernsehen gleichen. In dieser ersten Szene kommen dann auch direkt alle Mitangestellten und gratulieren Caleb zu seinem vermeintlichen Gewinn, den dieser daraufhin unhinterfragt annimmt. Caleb übernimmt hier spielerisch die ‚kapitalistische Ideologie' der Kontrollgesellschaft und auch seine Kollegen betrachten die *Gamifizierung* ihrer Arbeitswelt als völlig selbstverständlich.

In dieser ersten Szene werden somit wichtige Aspekte des Machtprinzips der Kontrolle verdeutlicht: Caleb wird als Dividuum, als Daten-Subjekt gezeichnet und als dieses in kapitalistischer Manier von einer Gewinn-Benachrichtigung angesprochen. All dies geschieht in einem durchgestylten, transparent verglastem Unternehmen, was einen wichtigen Aspekt darstellt, da hier das Unternehmen, so wie auch Deleuze es beschreibt, den Kern der Ideologie ausmacht, die in der Gesellschaft diffus verbreitet wird. So sind schon zu Beginn des Films viele wichtige Merkmale des Deleuzschen Kontroll-Begriffs in Szene gesetzt.

Auch Deleuzes Äußerungen zu den Überlegungen Guattaris, dass in Zukunft bestimmte geografische Bereiche nur noch durch den Code einer Check-Karte zugänglich gemacht werden könnten, finden sich in *Ex Machina* wieder, wenn Caleb das Forschungsanwesen Nathans erreicht. Hier wird Caleb der Zugang erst ermöglicht, nachdem ihm eine Check-Karte ausgegeben wird und innerhalb des Anwesens sind ihm anhand dieser Karte auch nur bestimmte Bereiche zugänglich. Diese Bewegungsbefugnisse und Einschränkungen sind heutzutage allgegenwärtig, aber sie machen doch einen Unterschied für die Unterscheidung aus, ob die Machtverhältnisse in dem Film eher der Foucaultschen Disziplin oder der Deleuzschen Kontrolle zugeordnet werden sollten.

Ein prägnanter Einschnitt in der Inszenierung des Films, der einem Rückschritt von einer Kontrollgesellschaft zu der Disziplinargesellschaft gleicht, findet mit Calebs Ankunft in Nathans Forschungsanwesen statt. Von da an entwickelt sich der Film größtenteils zu einem Kammerspiel, in dem die Überwachung von Einschließungsmillieus eine tragende Rolle spielen.

Zu Beginn des Films befindet sich Caleb noch in einem hippen, transparenten Unternehmen und übernimmt die Fügung der ‚gasförmigen' Kontrolle, wenn er den Preis des Gewinnspiels annimmt. Mit dem Eintritt in Nathans Forschungsanwesen betritt Caleb dann jedoch wieder eine Architektur der Einschließungsmillieus, die einem Gefängnis nicht bloß dadurch ähnelt, dass das private Zimmer Calebs nur durch einen digitalen Schließmechanismus zugänglich ist, sondern auch der Tatsache, dass es keine Fenster hat, was in dem Film von Nathan noch einmal mit Nachdruck betont wird. Gerade die gesellschaftliche Überwindung der Einschließungsmillieus ist für Deleuze ein Charakteristikum für den Übergang in die Kontrollgesellschaft – in dem Film aber wird genau dieser Übergang rückabgewickelt: Es wird der Übergang von der offenen unternehmensartigen Kontrollgesellschaft in die geschlossene Disziplinargesellschaft architektonisch ausgedrückt.

5. Aktualität von Kontrolle und Disziplin

Deleuzes Beschreibung der Kontrollgesellschaften kann in mehrfacher Hinsicht auf aktuelle Fragen zu Überwachung im Zeitalter der Digitalisierung angewendet werden. Seine Ausführungen zu der Ablösung des Gefängnisses als metaphorisches Prinzip der gesellschaftlichen Überwachung hin zu dem Bild des Unternehmens, dessen Ideologie von den Individuen unfreiwillig und widerstandslos übernommen würde, kann ganz konkret zu der Auswertung von massenhaft akkumulierten Datenmengen durch multinationale Konzerne (*Big Data*) verstanden werden. So wie Deleuze darstellt, dass der Mensch in den Kontrollgesellschaften zu Datensätzen zusammengefasst wird, findet schon seit vielen Jahren eine Kommodifizierung des Individuums statt, dessen Datenspuren zu Werbe- und Verkaufszwecken eingesetzt werden. Unter dem Macht-Prinzip des Unternehmens werden die Gesellschaftsteilnehmer gleichzeitig von der (kapitalistischen) Ideologie infiltriert und werden so gleichermaßen zu den Produkten von Unternehmen, indem die Spuren ihrer digitalen Doubles für Verkaufs- und Werbezwecke verwendet werden.[213] In *Ex Machina* wird dieser Umstand durch die naheliegende Anspielung von Nathans Unternehmen zu großen Digitalkonzernen wie Facebook, Google oder Apple dargestellt. Auch Caleb ist einerseits Angestellter des Unternehmens und gleichzeitig ist er auch dessen Produkt, was dadurch ausgedrückt wird, dass er für den Turing-Test aggregiert und durch eine fingierte Gewinn-Benachrichtigung auf das Forschungsanwesen gelotst wird, um dort eine Funktion in Nathans Unternehmen auszuführen.

Gerade Deleuzes Prognose, dass die Kontrollgesellschaften maßgeblich von der Digitalisierung geprägt werden würden, weist auf eine grundlegende Veränderung des Prinzips der Überwachungsweise hin. Die Überwachung in der Disziplinargesellschaft war, ganz im Sinne des Panopticons, noch zentralisiert und von einer Parzellierung, also räumlichen Aufteilung, der Individuen geprägt, die von einer einzigen Position aus überwacht wurden. Die Überwachungssituation in der Kontrollgesellschaft wiederum ist, wie Deleuze es schon beschrieben hatte, gasförmig, also zunehmend dezentralisiert und allumfassend.

213 Vgl. hierzu: Schleusener: *The Surveillance Nexus*, S. 181 f.

Technische Entwicklungen, die die Überwachungssituation der Kontrollgesellschaften entsprechen, können z.B. in GPS- Systemen, Drohnen und vor allem auch durch von den Individuen selbst auf sich angewendete Apparate wie Fitness-Tracker, aber vor allem Smartphones gefunden werden,[214] welche die Besitzer einer permanenten Überwachung aussetzen und verschiedenste Aufzeichnungen der Träger, mittlerweile bis hin zu biometrischen Aufzeichnungen, wie z.B. eines EKG durchführen.[215] Obwohl *Ex Machina* ein Film ist, der sich mit den Auswüchsen der Digitalisierung auseinandersetzt, werden aber gerade diese Aspekte, die gut mit Deleuzes Postskriptum zu theoretisieren wären, kaum beleuchtet. Stattdessen lassen sich viele Merkmale der Foucaultschen Disziplinargesellschaft und des Panoptismus wiederfinden. Unter Berücksichtigung des Films lässt sich so die Diskussion führen, welche Rolle der Panoptismus und die daraus resultierende Selbstdisziplin und die Subjektivierungsweisen im Zeitalter der Digitalisierung spielen, und ob die These, dass die Kontrollgesellschaft die Disziplinargesellschaft abgelöst haben soll, einlösbar ist.

6. Die Disziplinargesellschaft im Zeitalter der Digitalisierung

Der von Deleuze postulierte Übergang von der Disziplinargesellschaft zur Kontrollgesellschaft fand und findet also keineswegs bruchlos statt. Gerade das von Foucault beschriebene Machtprinzip des Panoptismus wird auch in der Gegenwart noch häufig herangezogen, wenn z.B. die Struktur von Überwachungssituationen, auch im Bezug zur Digitalisierung, dargestellt werden soll.

In seinem viel diskutierten Aufsatz *Tear down the walls: On demolishing the Panopticon* spricht Kevin Haggerty dem Konzept des Panoptismus zu Teilen dessen Theoriebildungsfähigkeit für gegenwärtige Überwachungsstrukturen ab. Entlang diesen Aufsatzes kann exemplarisch eine kritische wissenschaftliche Position an dem Konzept des Panoptismus nachvollzogen werden. Haggerty betrachtet den vor-

214 Diese technischen Entwicklungen werden in einem späteren Kapitel als Überwachungssysteme ausgewiesen, deren Funktionsweise ebenfalls mit dem Panoptismus zusammengeführt und beschrieben werden kann.

215 Vgl. Schleusener: *The Surveillance Nexus*, S. 183.

herrschenden Rang, den das Panopticon in den *Surveillance Studies* einnimmt als oppressiv, da so gewisse Überwachungssituationen nicht berücksichtigt werden, weil sie von dem Panoptismus nicht hinreichend abgebildet werden können.[216] Gleichzeitig würde der schnelle, gewohnheitsmäßige Rückgriff auf das Panopticon zur Analyse den Blick auf bestimmte Überwachungsphänomene verstellen. So sieht Haggerty in den vielen Konzepten, die sich auch namentlich auf das Panopticon beziehen bzw. Neologismen aus dem Begriff des Panopticons ableiten (wie z.B. das Synopticon oder das Ban-Opticon) eher einen gewohnheitsmäßigen Rückbezug auf Foucaults Ausführungen als eine nüchterne Betrachtung neuer Überwachungsverhältnisse, die diese Konzepte zu erörtern versuchen.[217] Gegenwärtige Überwachungssituationen, die das Panopticon nicht mehr in der Lage ist hinlänglich abzubilden, sieht Haggerty zum Beispiel in Internet-Blogs, in denen Menschen sich freiwillig, nach eigenem Bemessen zur Schau stellen. Ein weiteres Beispiel für eine Beobachtungssituation, in welche Menschen sich freiwillig und „lustvoll" begeben, findet Haggerty sowohl in *Reality Shows* wie *Big Brother*, als auch in Webcams, vor denen sich Menschen zu selbstbestimmten Zeitpunkten und entlang ihrer selbstgesteckten Maßstäbe der Öffentlichkeit präsentieren.[218] „That surveillance can be experienced from both sides of the lens as ‚fun' or liberating does not fit neatly within the preoccupations of the panoptic model."[219]

Zudem meint Haggerty in Foucaults Ausführungen zum Panoptismus „typischerweise" eine Hierarchisierung vorzufinden, die von oben nach unten, also von Mächtigen auf ihre Untergebenen, ausgehen würde. Diese Vorannahme würde aber heutzutage auf viele Überwachungssituationen nicht mehr zutreffen. Die gegenwärtige Überwachung ziele nicht mehr bloß auf die Untergebenen, Armen und Enteigneten, sondern richte sich in gleichem Maße auf die Bessergestellten, Wohlhabenden und Mächtigen. Gerade in Zeiten der Digitalisierung werde es zunehmend möglich für die Öffentlichkeit das Verhalten und Fehlverhalten der „Mächtigen" nachzuvollziehen und gesammelte Da-

216 Vgl. Haggerty: *Tear down the walls*, S. 23.
217 Vgl. ebd., S. 26.
218 Vgl. ebd., S. 28.
219 Ebd.

ten den Medien zukommen zu lassen, um diese publik zu machen. „Surveillance then undergoes a qualitative transformation from routine recording and analysis of aggeregate trends to a motivated scrutiny of the documentary traces and data doubles that proliferate around powerful individuals".[220]

Einen weiteren Bereich, in dem Haggerty das Konzept des Panoptismus an den Grenzen seiner Beschreibungskraft sieht, macht die Schnittstelle von Mensch-Maschine Überwachungssystemen aus. Diese würden zu selten in die Analyse der Surveillance Studies mit herangezogen, weil der habituelle Rückgriff auf den Panoptismus einerseits nur zwischenmenschliche Überwachungssituation als Analysefeld für sich beansprucht und außerdem der positive Ertrag, den Überwachung ebenfalls leisten und erbringen kann, von der negativen Konnotation, die in dem Panoptismus mitschwinge, nicht nachvollzogen würde. Als Beispiele für solche ‚positiven' Mensch-Maschine Überwachungssysteme führt er Satelliten Überwachung von bestimmten Erdregionen und deren Aufzeichnung von z.B. Trockenphasen oder auch den Nachwirkungen von Eruptionen oder tektonischen Plattenverschiebungen an.[221] Diese und viele andere Phänomene von Natur-Überwachungen hätten signifikanten sozialen Einfluss, würden aber durch die Konzentration auf den Panoptismus, welcher den Fokus der Überwachungsbeschreibung intuitiv auf den Menschen lenke und Überwachung per se als etwas Negatives ansehe, zu oft vernachlässigt.

> Consider the monitoring of animalborne microbes that can infect humans. A case can be made that such surveillance had monumentally benefited the human species and secured the viability of particular human communities. The panoptic model does not seem to have inspired many analysts to explore the social and political implications of these and other forms of the surveillance of nature.[222]

Des Weiteren habe der Panoptismus die Technologisierung der Überwachung nicht im Blick gehabt und sich ausschließlich auf die Beschreibung menschlicher Überwachungssysteme beschränkt. Entwicklungen wie das Aufkommen von Apparaten, die biometrische Daten aufzeichnen, wie Fitness-Tracker z.B., Sensoren, Satelliten, aber auch

220 Ebd., S. 29.
221 Vgl. ebd., S. 31.
222 Ebd.

DNA-Analysen seien durch den schnellen Bezug auf den Panoptismus aus dem Blick geraten und dieser könne deren Überwachungspotential eben nur teilweise erklären und einordnen. „The operative dynamics of these and assorted other surveillance devices only appear to be tangentially panoptic."[223]

Einen entscheidenden Kritikpunkt, den Haggerty im Speziellen auf die Ausführungen Foucaults und nicht auf dessen Rezeption zurückführt, ist dessen Äußerung, dass die Art und die Position des Wächters für das Funktionieren des Panoptismus unerheblich sei. Diese Behauptung sei eine Fehlleistung, da es für die Konsequenzen einer Überwachung durchaus ausschlaggebend sei, wer diese durchführt.[224] Es sei für die hervorgerufene Reaktion des Überwachten entscheidend, welche Haltungen, Vorurteile und Zielsetzungen in der Position und der Absicht des Wächters vereint seien. „In the surveillance of nature, for example, it matters if wildlife is being monitored by agents of Greenpeace or members of the National Rifle Association."[225]

Des Weiteren seien die Überwachten im Panopticon größtenteils passiv der Überwachung ausgesetzt und dieser auch immer bewusst, da erst durch das Wissen von der Überwachung die Selbstdisziplinierung einsetzen könne. Dies sei in den Beobachtungssituationen der heutigen Zeit nicht immer der Fall. Die Überwachten können durchaus aktiv sein und nicht in einem parzellierten Raum überwacht werden. Außerdem sind sich die Gesellschaftsteilnehmer nicht immer voll bewusst, dass sie überwacht werden und zeigen in Teilen trotzdem ein Verhalten, das einen Konsens mit der Beobachter-Position einzugehen zu versuchen scheint. Ein typisches Beispiel für eine solche tendenziell eher unterschwellige Überwachung sei das Sammeln von Daten und deren Nutzung für z.B. Werbezwecke, aber auch die subtile digitale Aufzeichnung von Bewegungsmustern oder Kommunikationen.[226]

Eine weitere Grundhaltung bei der Beschreibung von Überwachung, die in den *Surveillance Studies* aus der Foucault Rezeption häufig übernommen würde, sei, dass das dystopische Potential von Überwachung überbetont werde. Foucault bleibt in *Überwachen und Strafen*

223 Ebd., S. 32.
224 Vgl. ebd., S. 33.
225 Ebd.
226 Vgl. ebd., S. 34 f.

zwar noch zurückhaltend, was die normative Wertung von Überwachung im Allgemeinen betrifft, äußerte sich dann aber in späteren Schriften tendenziell kritisch gegenüber diesen früheren Formulierungen in seinem Werk. Die Grundhaltung, Überwachung von vorne herein als negativ konnotiert zu beschreiben, würde gewisse Bereiche, in denen Überwachung durchaus als hilfreiche gesellschaftliche Komponente verstanden werden könne, nicht zu genüge in die wissenschaftliche Betrachtung einfließen lassen. Als weitere positive Beispiele einer Überwachung könnten die medizinischen Überwachungen etwa von Infektionen oder überwachungsunterstützende Geräte bei der Elternschaft genannt werden.[227]

Die Kritik Haggertys wurde vielfach rezipiert und hat den Blick auf bestimmte Phänomene, die nicht hinlänglich von dem Konzept des Panoptismus abgebildet werden können, gelenkt. Haggertys Auslassungen haben aber wiederum auch zu Kritik geführt, welche die Konzepte Foucaults gegen die Angriffe verteidigen, dessen Relevanz für zeitgenössische Überwachungssituationen betonen und so dessen Aktualität unterstreichen.

Unter anderem hat Adrian Lobe diese Aktualität von Foucaults Konzepten der Gouvernementalität und des Panoptismus in seinem Buch *Speichern und Strafen*[228] dargelegt. Der Titel seines Buchs ist eine klare Referenz an Foucaults *Überwachen und Strafen* und Lobe betont, dass Foucault ein „intellektuelles Erbe hinterlassen [habe], das Ansätze zur Erklärung des digitalen Wandels bietet [...], weil er [...] Machttechniken beschreibt, die sich als Erklärungsfilter [...] für die Analyse programmierter Gesellschaften dienstbar machen lassen."[229] In seinem Buch konzentriert sich Lobe darauf bestimmte Phänomene der fortschreitenden Digitalisierung zu analysieren und deren Auswirkungen auf das Politische auszuführen.

Lobe beschreibt unter anderem die strukturelle Ähnlichkeit der Überwachungssituation durch digitale Technologien mit Foucaults Ausführungen zum Panoptismus. So stellt Lobe dar, dass die noch neue *Smart Home*-Technologie, die Häuser digitalisiert und mit Mikrofonen, Kameras und Sensoren ausstattet, einem modernen Gefäng-

227 Vgl. ebd., S. 35.
228 Lobe, Adrian: *Speichern und Strafen*, 2019.
229 Ebd., S. 16 f.

nis gleicht, in dem die Bewohner einer permanenten Überwachung und Durchleuchtung ausgesetzt sind.[230] Sprachassistenten von Amazon, Google oder Microsoft würden laut Lobe genau die Aufgabe übernehmen, die im Vollzug einem Gefängniswärter zukommt: Sie hören mit, was gesprochen wird, kontrollieren die Bewegung und Anwesenheit der Nutzer und disziplinieren auch, wenn etwa der Blutdruck steigt oder es noch etwas einzukaufen gilt, das im Haushalt nicht mehr aufzufinden ist.[231]

Die Tatsache, dass bei der Nutzung des Internets eine permanente Protokollierung stattfindet, die unter vielem anderem die geografischen Standorte der Nutzer, Suchhistorien, Log-Ins und so weiter, aufzeichnet, ist mittlerweile allseits bekannt. Betrachtet man aber Lobes Ausführungen zu seiner Beantragung seines persönlichen Facebook-Profils, dass Facebook wie ein Protokoll über jeden seiner Nutzer führt, wird deutlich, wie nah diese Aufzeichnungen einem Staatssicherheits- oder Gefängnisprotokolls sind.[232] So werden in diesen Protokollen sämtliche personenbezogene Daten, wie Geschlecht, Wohnort, Familienzugehörigkeiten, Ausbildung und ähnliches, aber auch komplette Chat-Verläufe gespeichert: „Gespräche, die man längst vergessen oder gelöscht hat. Intima mit Lebensgefährten. Auseinandersetzungen mit ehemaligen Freunden".[233]

> Das Facebook-Profil wirkt in seiner Struktur wie ein polizeilicher Steckbrief: Es gibt ein Poträtfoto, eine genaue Personenbeschreibung, biografische Eckdaten, eine für jedermann zugängliche Suchfunktion, aufgesuchte Orte, Bewegungsprofile. Was fehlt, ist lediglich der konkrete Tatvorwurf, der im kafkaesken Setting ungeklärt bleibt. Man wird ständig gesucht, von Algorithmen vernommen, aber kennt die Gründe nicht.[234]

Lobe schließt, dass die Nutzer von sozialen Medien einer „algorithmischen Untersuchungshaft" ausgesetzt sind. Aber nicht nur diese Nähe zum Strafvollzug erinnert an Foucault, die Struktur der sozialen Medien und ihre Sichtbarkeits- und Beobachtungssituation ähneln der Überwachungsapparatur des Panopticons. Über sein Profil ist der Nut-

230 Vgl. ebd., S. 28.
231 Vgl. ebd.
232 Vgl. ebd., S. 144.
233 Ebd., S. 145.
234 Ebd.

zer einerseits ständig von einer diffusen Gruppe – einer Öffentlichkeit – einsehbar und so einer steten Beobachtung ausgesetzt, gleichzeitig begutachtet er selbst die Profile anderer Nutzer. So nimmt in den sozialen Medien jeder Nutzer zugleich die Rolle des Überwachten, sowie die des Wächters ein. „Jeder Facebook-Nutzer ist ein Profiler."[235]

Diese lustvolle Freiwilligkeit der Überwachung, in die ein Nutzer sozialer Medien einwilligt, wird auch in der Diskussion von David Lyon und Zygmunt Baumann angesprochen und zum Teil als Spielart einer post-panoptischen Überwachung gedeutet. Diese Form der bereitwilligen Zustimmung in ein Beobachtungsverhältnis sei mit der Überwachungsstruktur, wie sie in einem Gefängnis vorherrscht, nicht mehr hinlänglich zu beschreiben, da sie, wie Lyon sagt, „in den Medien und beim Einkaufen sogar häufig mit Spaß und Unterhaltung einhergehen."[236] Ein weiterer Aspekt neuartiger Überwachungsverhältnisse, der nicht mehr zum klassischen Panoptismus passt, sei in der Abwesenheit einer zentralen Wächterfigur begründet. Auch wenn Foucault klar formuliert hat, dass auch im Panopticon die Wächter-Position nicht notwendigerweise ausgefüllt, also ein Wächter nicht zwingend anwesend sein musste, um das Gefühl der Beobachtung in dem Insassen hervorzurufen, müsse im Foucaultschen Panoptismus doch wenigstens zeitweise ein Wächter die Beobachtung übernehmen.[237] Lyons Frage an Baumann, ob dieser die grundsätzliche Verabschiedung des Panopticons zur Theoretisierung gegenwärtiger Überwachungsverhältnisse, wie Haggerty sie formuliert hat, nachvollziehen würde, verneint Baumann allerdings kategorisch und drückt aus, dass das Panopticon heutzutage in gewisser Hinsicht noch wirkkräftiger sei, als es sich Foucault und auch Bentham hätten ausmalen können. „So wie ich es sehe, erfreut sich das Panoptikum bester Gesundheit, es bedient sich elektronisch optimierter, ‚cyborgisierter' Muskeln, die ihm mehr Macht verleihen, als es sich Foucault oder gar Bentham je hätten vorstellen können oder wollen".[238] Wie auch Lobe sieht Baumann in einigen technologischen Entwicklungen eine Verlängerung des panoptischen Prinzips. So sieht er eine Umkehr der normativen Reglementie-

235 Ebd., S. 147.

236 Lyon; Baumann: *Daten, Drohnen, Disziplin*, S. 15.

237 Vgl. ebd., S. 14.

238 Ebd., S. 74.

rungen der Disziplinargesellschaft hin zu einer fingierten Freiwilligkeit, die in ihrem Effekt aber den gleichen Zweck verfolgt, wie es der klassische Panoptismus schon getan hat. „In allen Bereichen setzt man nunmehr statt auf Zwang auf Verlockung und Verführung [...] und jedes mal wird damit die Verantwortung für das Erzielen der erwünschten Resultate von den Bossen auf deren Untergebene übertragen".[239] Statt einer zentralisierten Überwachung ist es nunmehr die Interpellation an die Individuen und Mitarbeiter, die Mithilfe von ‚bunten' Anreizen verschiedener Art geschmückt ist, die den Angerufenen dazu verleitet, im Sinne von ‚Technologien des Selbst', eine eigene Motivation hervorzubringen, die wiederum den angestrebten Resultaten des Panoptismus entspricht. Der Untergebene ist somit permanent damit beschäftigt, das Panopticon, welches sein Handlungsfeld konturiert, ständig selbst hervorzubringen. Das Panopticon wird, so Baumann, von jedem einzelnen wie ein „Schneckenhaus" mit sich herum getragen. Als Exemplifizierung führt Baumann z.B. das Smartphone heran, welches die ständige Überwachung und stete Bereitschaft in sich trägt, damit dem Machtprinzip des Panopticons gleicht und von den Individuen in steter Abrufbereitschaft mit sich getragen wird.[240]

Auch Ivan Manokha sieht in der Selbstdisziplinierung und den ‚Technologien des Selbst', die als Resultat des Panoptismus hervorgerufen werden, Aspekte, die gerade im Zeitalter der Digitalisierung noch an Bedeutung gewinnen. Mit dieser Auffassung stellt sich Manokha Kritikern wie Haggerty entgegen, die dem Panoptismus gerade seine Theoriefähigkeit in Bezug zu modernen Technologien absprechen wollen.

Manokha sieht in der ubiquitären oder, wie Lyon und Baumann sie benennen, „flüssigen" Überwachung der heutigen Zeit, die nicht mehr nur eine zentralisierte Wächter-Position hat, sondern viele verschiedene, keinen Kritikpunkt, der den Panoptismus obsolet machen würde, sondern eher Phänomene, an denen dessen Wirken noch deutlicher herausgestellt werden kann.[241] Ein prägnantes Beispiel für den Effekt einer Selbstdisziplin und Selbstzensur, die als Resultat einer pa-

239 Ebd., S. 76.

240 Vgl. ebd., S. 74–79.

241 Vgl. Manokha: *Surveillance, Panopticism, and Self-Discipline in the Digital Age*, S. 227.

noptischen Beobachtungssituation gewertet werden kann, sieht Manokha in Studien zu dem ‚*Chilling Effect*', wie dieser nach den Enthüllungen Edward Snowdens bezüglich der Machenschaften der National Security Agency (NSA), analysiert worden ist.[242]

Der *(online) Chilling Effect* beschreibt das Phänomen, dass Nutzer von z.B. sozialen Medien einer Menge von diffusen Beobachtern ausgesetzt sind, wenn sie etwas von sich preisgeben und daraufhin ihr Verhalten und die Inhalte, die sie präsentieren, hinterfragen und sich gewissermaßen selbst zensieren.[243] Als Definition des *Chilling Effects* führen Marder et al. in einer Studie an: „the normalising of behaviour when under surveillance in line with the perceived standards, expectations and values of the perceived surveyor."[244] Diesen Effekt führen die Autoren explizit auf die Selbstdisziplin als Resultat des Panoptismus und auf Foucaults Ausführungen zu diesem zurück.[245] Aufgrund der Vielzahl verschiedener, diffuser Beobachter-Positionen, denen sich ein Nutzer sozialer Medien ausgesetzt sieht, kommt es bei dem Veröffentlichen von Inhalten so oft zu einem '*lowest-common denominator effect*', der besagt, dass dadurch nur Dinge der Öffentlichkeit präsentiert werden, die von dem Großteil der ‚Beobachter' als nicht anstößig beurteilt werden.[246] Dieser *online Chilling Effect* scheint sich, so Marder et al., aber in die Realität fortzusetzen. So übernehmen Nutzer sozialer Medien zum Teil selbstdisziplinierende Verhaltensweisen in ihren Alltag, da sie das Gefühl und die Angst in ihrem realen Leben fotografiert oder auf andere Weise aufgezeichnet zu werden, und so später online gestellt zu werden, entwickeln – dieser Effekt kann als ‚*Extended Chilling Effect*' bezeichnet werden.[247]

Manokha konzentriert sich in seinen Ausführungen zum *Chilling Effect* zuvorderst auf Studien, die sich auf die Auswirkungen der Veröffentlichungen Edward Snowdens zu den Ausspähungen der NSA beziehen. So sei als ein Resultat dessen Veröffentlichungen eine deutliche Einschränkung der freien Meinungsbekundung festzustellen gewe-

242 Vgl. ebd., S. 228.
243 Vgl. Marder et al: *The extended ‚chilling' effect of Facebook*, S. 582.
244 Ebd., S. 583.
245 Vgl. ebd.
246 Vgl. ebd.
247 Vgl. ebd.

sen.[248] Die Studien haben ergeben, dass einer von sechs Journalisten aufgehört habe zu einem bestimmten Thema zu recherchieren oder sich dazu zu äußern, wenn es eine Einbindung von Sicherheitsdiensten dafür erfordern würde. Gleichzeitig sei vor allem unter investigativen Journalisten eine deutliche Abkühlung der freiwilligen Preisgabe von Information auf Seiten der Quellen und Informanten festzustellen gewesen, was als Konsequenz der Möglichkeit einer Überwachung gewertet werden müsse.[249] Aber auch in den sozialen Medien sei dieser *Chilling Effect* aufgrund der Berichterstattung zu dem NSA-Skandal nachzuweisen. So gaben 86 Prozent der in einer Studie befragten Probanden an, dass sie zwar in einem privaten Rahmen über die Überwachungsapparate der Regierung sprechen würden, aber nur 42 Prozent würden dies auch online und in den sozialen Medien tun.[250] Der *Chilling Effect* würde sich zudem auch noch fester in dem Bewusstsein der Bevölkerung etablieren, weil Berichte über Überwachungen ein Bestandteil der multimedialen Berichterstattung und des kulturellen Diskurses geworden seien.

> Every day we learn from newspaper and journal articles, from documentaries and news bulletins, as well as from feature films and television series […] about new developments in surveillance. That is to say, people in Western democracies are increasingly made aware of the fact that they are being ‚watched' by different actors.[251]

Im Gegensatz zu der panoptischen Beobachtungssituation, wie Foucault sie hergeleitet hat, ist die Überwachungssituation heutzutage demnach dadurch geprägt, dass es eine unübersichtliche Menge unterschiedlicher Wächter-Positionen gibt. Durch die Mediatisierung immer neuer Überwachungen, denen sich der Gesellschaftsteilnehmer ausgesetzt sieht, steigt auch das diffuse Gefühl beobachtet zu werden und folglich kommt es alleine durch die Möglichkeit beobachtet zu werden zu einer Selbstdisziplinierung und auch einer Selbstzensur.[252] Der Effekt dieser neuartigen Überwachungssituationen entspricht

---

248 Vgl. Manokha: *Surveillance, Panopticism, and Self-Discipline in the Digital Age*, S. 228.
249 Vgl. ebd.
250 Vgl. ebd., S. 229.
251 Ebd.
252 Vgl. ebd., S. 231.

demnach genau den von dem Panoptismus hervorgerufenen Verhaltensänderungen.

Diese Überwachungssituationen sind durch die Digitalisierung omnipräsenter denn je zuvor. Haben sich die Ausführungen Foucaults zum Panoptismus noch größtenteils auf Einschließungsmillieus bezogen, in denen die Überwachung stattfand, scheint die Überwachung heutzutage nicht mehr geografisch limitiert und auch zeitlich nicht mehr fixiert zu sein.

Die panoptische Sichtbarkeit in den Einschließungsmillieus war noch durch Brüche gekennzeichnet: Mit dem Ende der Schulzeit oder der Arbeit in der Fabrik endete auch die sanktionierende Überwachung in diesen Bereichen, bis sie im nächsten parzellierten Raum erneut einsetzte. Im Zeitalter der Digitalisierung wiederum hört diese Überwachung nie auf und auch das Gefühl unter einer Beobachtung zu stehen begleitet die Individuen fortwährend in ihrem Alltag. Die Objekte, die diese andauernde Überwachung gewährleisten, sind etwa Smartphones, Fitness-Tracker, digital vernetzte Uhren und elektronische Assistenten.[253]

> In addition to this, any online activity that individuals engage in (shopping, social media, Internet surfing, etc.) is also recorded and processed by some kind of ‚watchers'. That is to say, even though the identity of these ‚watchers' who collect the information at each particular moment in time may vary, it is plausible to argue that today's visibility of individuals is closer and closer to being universal.[254]

Die permanente Überwachung und die Tatsache, dass jegliche digitale Spuren gespeichert werden, verhindern zudem das Austesten der Beobachtungssituation, wie sie im Benthamschen und Foucaultschen Panoptismus noch möglich gewesen wäre. In der panoptischen Gefängnissituation hätte ein Insasse durch leichtes Übertreten der Regeln noch austesten können, ob er sich tatsächlich gerade unter Beobachtung befand und diese Verstöße sukzessive ausweiten können. Dies ist in der digitalen Überwachung nicht mehr möglich, weil sich die Individuen hier einer permanenten Überwachung ausgesetzt sehen und al-

253 Vgl. ebd.,

254 Ebd.

le Überschreitungen aufgezeichnet werden und rückblickend nachvollzogen und bestraft werden können.[255]

Diese ubiquitäre Sichtbarkeit, die sich durch die Digitalisierung ausgebreitet hat, sich weiter verstärkt und fortentwickelt, macht deutlich, dass hier nicht mehr nur der oppressive Charakter des Panopticons als Deprivation und als Effekt einer Beobachtungssituation zum Ausdruck kommt, sondern vor allem eine Selbstdisziplinierung in den Überwachten Individuen hervorgerufen wird, die Foucault in seinen späteren Schriften als ‚Technologien des Selbst' beschrieben hat.

Unter Berücksichtigung der digitalen Überwachungssysteme wird deutlich, dass der Panoptismus jenseits der analogen Mauern des Benthamschen Gefängnisentwurfs weitere und zum Teil noch wirkkräftigere Auswüchse entwickelt hat. Manokha schließt seine Ausführungen zu der Aktualität des Panoptismus mit der klaren Feststellung, dass das Panopticon zur Analyse von Überwachungssituationen in der heutigen Zeit keinesfalls ausgedient habe, sondern, im Gegenteil, noch wichtiger zur Erfassung bestimmter Phänomene sei als in den vorherigen Jahrhunderten. „Not only is the metaphor of the Panopticon still relevant but that it is actually more relevant now than it was with respect to Western society of the nineteenth and twentieth century."[256]

Ein Großteil der Kritikpunkte, die dem Panoptismus seine Relevanz im Zeitalter der Digitalisierung absprechen wollten, konnten so aus unterschiedlichen wissenschaftlichen Bereichen wieder eingeholt werden. Im Folgenden soll nun der Panoptismus als Analyseinstrument der dargestellten Machtverhältnisse und Subjektivierungsweisen in *Ex Machina* angewendet werden und damit eine weitere thematische Brücke zu Hoffmanns *Sandmann* geschlagen werden.

7. Panoptismus in *Ex Machina*

Überwachung und die damit einhergehende Verhaltensveränderung der Überwachten ist in vielerlei Hinsicht ein zentrales Thema in *Ex Machina*. Gleich in der ersten Szene des Films wird diese Form der

255 Vgl. ebd., S. 232.
256 Ebd., S. 233.

Machtausübung dargestellt. Der junge Programmierer Caleb sitzt in einem modern designten Großraumbüro vor seinem Computer, als ihn die Nachricht des Gewinns eines Treffen mit dem Gründer und CEO seiner Firma erreicht.[257] Der Point of View[258] ist in vielen Einstellungen der einer Computerkamera, die Caleb aufzeichnet und in dem Moment, als er seinen vermeintlichen Gewinn per Smartphone seinen Freunden mitteilt, huschen glitzernde Laser-Netze über sein Gesicht, als würde seine Reaktion von einem Computersystem gescannt und ausgelesen. Welche Instanz seine Emotionen gerade abliest wird deutlich, wenn die Kamera über seinem Computerbildschirm eingeblendet wird, die, so wird suggeriert, gerade seine Reaktionen aufzeichnet.

> Caleb not only observes the world through the internet by using his technological devices but is constantly observed by them, too, thus blending the physical world with virtual reality. This is indicated by the camera subtly taking on the perspectives of both his smartphone and his webcam for a short moment. In addition, the film camera adds a kind of 'digital layer' over his face and body what seems to be like a blue net scanning, measuring and permeating Caleb while he communicates by means of his devices.[259]

Dass Computerkameras die Nutzung von Suchmaschinen und *Social Media* Mechanismen einer panoptischen Machtsituation darstellen, wird in *Ex Machina* mehrfach verhandelt. So erinnert die Namensgebung des Unternehmens von Nathan als ‚Blue Book' stark an Facebook, dessen Logo ein weißes ‚f' vor blauem Hintergrund ist.

257 Vgl. Garland: *Ex Machina*, 00:01:10–00:01:42min.

258 Vgl. zu POV Lange: *Einführung in die Filmwissenschaft*, S. 51.

259 Henke: „*Ava's body is a good one*", S. 133.

Abbildung 3: Caleb aus Sicht seines Computers

Die panoptische Qualität digitaler Plattformen ist ein wiederkehrendes Motiv in *Ex Machina* und weist auf das neu entstehende Überwachungsverhältnis durch die Erfindung einer singulären künstlichen Intelligenz hinaus, die den Menschen aufgrund ihrer Vernetztheit auch ständig auslesen würde. Ein Beispiel, dass die permanente Überwachungssituation der Smartphone-Besitzer und Nutzer von sozialen Medien illustriert, findet sich in Nathans Vorgehen wieder, um die Sprachfähigkeit von Ava zu initiieren. Nathan erklärt Caleb, dass er die Mikrofone und Kameras aller Nutzer von Blue Book angeschaltet, also dauerhaft abhören und abfilmen ließ, und diese Daten mit Avas Betriebssystem verschaltet hat.

> NATHAN: Almost every cell phone has a microphone, a camera, and a means to transmit data. So I switched on all the mikes and cameras, across the entire fucking planet, and redirected the data through Blue Book. Boom. A limitless resource of facial and vocal interaction.
> CALEB: You hacked the world's cell phones?
> NATHAN: And all the manufacturers knew I was doing it. But they couldn't accuse me without admitting they were also doing it themselves.[260]

Die erste Szene des Films nimmt diesen technischen Eingriff in die digitalen Überwachungssysteme schon vorweg, wenn Calebs Gesicht von der Kamera seines Computers gescannt und seine Reaktionen und Emotionen aufgezeichnet werden. Digitale Technologie und Interakti-

260 Garland: *Ex Machina*, 00:37:13–00:37:34min.

onen auf *Social Media* Plattformen können so als moderne Substitute des Panopticons, als digitales Panopticon, verstanden werden.[261] Die Position des Beobachters bleibt diffus und die Überwachung permanent.

Eine Machtausübung durch Beobachtung wird in *Ex Machina* auch explizit durch

die wiederkehrenden Überwachungskameras angezeigt. Visuelle Überwachungssysteme (im Englischen ‚Close Circuit Television', kurz CCTV) führen die Mechanismen von Foucaults Panoptismus deutlich vor Augen, da sie „eine besondere Form der Wahrnehmung [erzeugen], die man als reflexive Selbstbeobachtung bezeichnen könnte."[262] Die Überwachungskamera nimmt die Position des Wächters des Panopticons, der Beobachtete die Position des Gefangenen ein. Dem Beobachteten ist es nicht möglich zu verifizieren, ob er gerade tatsächlich überwacht wird, alleine die Möglichkeit beobachtet zu werden, löst eine Verhaltensveränderung aus, die einen Konsens mit dem diffusen Überwacher herstellen möchte. Der Bereich der Beobachtung fungiert so als Gefängniszelle, die ausgeleuchtet wird und die Fremdbeobachtung schlägt in eine Selbstbeobachtung um.[263]

> CCTV als ‚soziotechnische Maßnahme' zielt auf eine Habitusveränderung der beobachteten Subjekte und auf eine parzellierte Zerlegung des Raums in individualisierte Daten, die analysierbar sind. CCTV setzt auf direkte und indirekte Subjektkontrolle.[264]

Sowohl der direkte Effekt der Überwachungskamera als Fremdbeobachtung sowie die indirekte, internalisierte Selbstbeobachtung werden in *Ex Machina* reflektiert. Während Calebs Gesprächen mit Ava werden beide von Überwachungskameras gefilmt und von Nathan beobachtet. Dass die Forschungseinrichtung Nathans einem Panopticon entspricht, wurde schon mehrfach erwähnt.[265]

261 Vgl. Jacobson: *Ex Machina in the Garden*, S. 31.

262 Stiegler; Rimmele: *Visuelle Kulturen*, S 118.

263 Ebd., S. 121.

264 Stiegler; Rimmele: *Visuelle Kulturen*, S. 116.

265 Vgl. Di Minico: *Ex-Machina and the Feminine Body*, S. 73; Jacobson: *Ex Machina in the Garden*, S. 31.

Abbildung 4: Ava und Caleb in Nathans Panopticon

Als Ava Caleb während einer ihrer Sitzungen auf sein Verhältnis und seine Verbundenheit zu Nathan anspricht, drückt dessen Reaktion eine aus der Überwachungssituation resultierende Verhaltensänderung aus. Ava fragt Caleb „Do you like Nathan?“ Caleb zögert „Yes. Of course.“ AVA: „Is Nathan your friend?“ An dieser Stelle wird auf eine an der Decke befindliche Überwachungskamera geschnitten, deren Präsenz Caleb gerade sehr bewusst zu sein scheint. Er erwidert stockend. CALEB: „My friend? Yeah. I hope so.“ AVA: „A good friend?“ Caleb zögert wieder. CALEB: „Ahm. Yeah. Well, no. A good friend is-“[266] In dieser Passage wird die panoptische Machtausübung deutlich, die das Handlungsfeld Calebs strukturiert. Seine Äußerungen über sein Verhältnis zu Nathan entsprechen nicht der Wahrheit, sondern versuchen einen Konsens mit dem Überwacher, der von oben ‚herabblickenden‘ Kamera, herzustellen. In dieser Szene wird der *Chilling Effect* als Resultat einer panoptischen Beobachtungssituation deutlich.

Die Verhaltensveränderung aufgrund der Überwachungssituation wird noch einmal explizit verhandelt, wenn Ava Caleb erklärt, dass sie für die Stromausfälle verantwortlich ist, die das Überwachungssystem lahmlegen, damit sie und Caleb sich ohne das Gefühl einer Macht zu unterliegen kennenlernen könnten. Während eines Stromausfalls, der die Räumlichkeiten in rotes Licht taucht, spricht Ava die Konsequen-

266 Garland: *Ex Machina*, 30:06–30:23min.

zen ihres unaufrichtigen Verhaltens wegen der Überwachungssituation direkt an.

> CALEB: Why did you tell me that I shouldn't trust Nathan?
> AVA: Because he tells lies too. […]
> CALEB: Including the power cuts? […] Don't you think it's possible that he's watching us right now? That the blackouts are orchestrated, so he can see how we behave when we think we're unobserved.
> AVA: I charge my batteries via induction plates. If I reverse the power flow, I cause a surge equal to the static discharge of a lightning strike. It overloads the system.
> CALEB: You're causing the cuts?
> AVA: So we can see how we behave when we are unobserved.[267]

Alleine die Möglichkeit überwacht zu werden reicht aus, damit Caleb sein Verhalten ändert und hinterfragt. Das Machtverhältnis, dass sich auf die bloße Anwesenheit der Überwachungskamera gründet, entspricht einer Internalisierung der panoptischen Machtmechanismen.

Wie in *Der Sandmann* befindet sich der Protagonist in *Ex Machina* in einem steten Sichtbarkeitsverhältnis. Sind es in Hoffmanns Erzählung die Blicke und Sichtbarkeits-Substitute in Form von Brillen und Ferngläsern, die auf Nathanael lasten und dessen Handlungsfeld strukturieren, fußt das Ausleuchten Calebs in *Ex Machina* vordergründig auf den Überwachungssystemen Nathans, aber auch unterschwellig auf der Technologie von dessen Suchmaschine, die Caleb von Beginn an gescannt und ausgelesen hat. Coppelius/Coppola und Nathan können im Sinne Foucaults Machttheorie somit beide als eine Personifizierung des Panopticons verstanden werden, da ihnen eine beinahe omnipräsente Überwachungsfunktion zukommt, die das Handlungsfeld der Protagonisten strukturiert.

8. Nathan als Wiedergänger des ,Panopticons Coppelius'

Wie beschrieben kann die Figur des Coppelius/Coppola in *Der Sandmann* als Prinzip eines panoptischen Machtverhältnisses verstanden werden. Die Beschreibung von Coppelius als „medientechnologischer

267 Garland: *Ex Machina*, 52:45–53:21min.

Magier"[268] kann für Nathan in *Ex Machina* ebenfalls geltend gemacht werden.

Coppelius/Coppola kommt in Hoffmanns Erzählung die Rolle eines Wissenschaftlers und Erfinders zu, der die Grenzen der modernen Wissenschaft um 1800 austestet. Er versucht einen künstlichen Menschen zu erschaffen, ein Versuch, der als Verweis auf das Erschaffen menschenähnlicher Automaten zu Hoffmanns Zeit verstanden werden kann. Gleichzeitig tritt er als Optiker auf, der die Sichtweisen mit seinen Sehinstrumenten verändert, ganz im Sinne einer Laterna Magica oder Camera Obscura, welche den neuesten Stand optischer Medien der Entstehungszeit des *Sandmanns* darstellten.[269]

Nathan in *Ex Machina* ist auch in diesem Sinne mit der Figur des Coppelius/Coppola vergleichbar. Nathan hat die meist genutzte Suchmaschine seiner Zeit programmiert und nutzt diese unter anderem, um einen künstlichen Menschen herzustellen. Gleichzeitig verändert er die Verhaltensweise des Protagonisten Caleb, in dem er ein Persönlichkeitsprofil von ihm erstellt, seine physischen Emotionen ausliest und ihn mit einer fingierten Gewinnbenachrichtigung auf sein Anwesen lotst.

Das Anwesen Nathans trägt dann auch viele Züge eines modernen Panopticons. Die Überwachungskameras fungieren als Wachturm, deren disziplinierende Blicke permanent auf den Überwachten lasten und deren Beobachter im Verborgenen bleiben. Die internalisierte Selbstbeobachtung wird dann auch verschiedentlich verhandelt und findet ihren Ausdruck zum Beispiel in den vorsichtigen, nicht ganz aufrichtigen Dialogen zwischen Caleb und Ava.

Kurz bevor der vermeintliche Turing-Test abgeschlossen werden soll, eröffnet Nathan dann Caleb das Ausmaß dessen Manipulation. Nathan hatte ihn von vorne herein ausgewählt dieses Experiment durchzuführen, dessen Gegenstand nie Ava sondern Caleb selbst war. An ihm sollte getestet werden, ob Ava sich durch Nutzung ihrer Kreativität aus ihrem Gefängnis befreien könnte. Nathan erklärt auch, dass er Avas Physis nach den Vorlieben Nathans entwickelt hat, die er aus dessen Online-Präferenzen mittels seiner Suchmaschine extrahiert

268 Brandes: *Optische Täuschungen*, S. 129.

269 Vgl. ebd., S. 131.

hat.[270] Calebs Subjektivität ist demnach ein Resultat von Nathans panoptischen Machtmechanismen. Das Ende von *Ex Machina* führt dann jedoch vor, was Foucault in *Subjekt und Macht* als Aufbegehren gegen bestimmte Formen der Subjektivierung formuliert hat.[271]

9. Subjektivierung und Widerstand in *Ex Machina*

In *Ex Machina* kommt es in zweifacher Hinsicht zu einer Auflehnung gegen eine dominierende Form der Subjektivierung: Caleb erhebt sich gegen die panoptischen Machtverhältnisse Nathans und überwindet dessen Überwachungssysteme, und Ava überwindet ihre Gefangenschaft, indem sie menschliche Subjektivierungsprozesse imitiert, um sich dadurch von Nathan und Caleb zu befreien.

Caleb formuliert schon während einer seiner ersten Treffen mit Ava den Einfluss der Überwachungskameras auf deren Verhalten.[272] Er reflektiert damit die panoptische Qualität des „CCTV […] als ein Instrument des Regierens aus der Distanz".[273] Calebs sukzessives Hinterfragen der Manipulation durch Nathan drückt sich auch aus, wenn er diesen auf die Auswahl seiner Person als Durchführender des Experiments anspricht. Zu Beginn des Films ist Caleb noch überzeugt das Treffen mit Nathan gewonnen zu haben. Später stellt er dies gegenüber Nathan in Frage.[274]

Zuletzt kommt es dann zu einer Überwindung des Panopticons Nathans, wenn Caleb das Beobachtungsverhältnis umkehrt und dadurch Ava befreit. Caleb nutzt einen Stromausfall, durch den die Überwachungssysteme Nathans laut Ava ausgeschaltet sein sollten, um dieser zu erklären, wie beide aus dem Anwesen Nathans entfliehen und einer Formatierung von Avas System entgehen können.

> CALEB: Don't talk. Just listen. You were right about Nathan. Everything you said.
> AVA: What's he going to do to me?

270 Vgl. Garland: *Ex Machina*, 01:25:44–01:25:58min.
271 Vgl. Foucault: *Subjekt und Macht*, S. 276.
272 Vgl. Garland: *Ex Machina*, 00:52:45–00:53:21min.
273 Stiegler; Rimmele: *Visuelle Kulturen*, S. 120.
274 Vgl. Garland: *Ex Machina*, 00:54:10–00:55:20min.

> CALEB: He's going to reprogram your AI. Which is the same as killing you.
> AVA: Caleb, you have to help me.
> CALEB: I'm going to. We're getting out of here tonight.
> AVA: How?
> CALEB: I get Nathan blind drunk. Then I take his keycard, and reprogram all the security protocols in this place. When he wakes, he's locked inside, and we've walked out of here. I just need you to do one thing. At ten o'clock tonight, trigger a power failure. Can you do that?
> AVA: Yes.[275]

Wenn Caleb den Plan am nächsten Tag durchführen will, erklärt Nathan ihm, dass er das Gespräch trotz des Stromausfalls aufgezeichnet und mitverfolgt hatte. Zudem führt Nathan aus, dass der eigentliche Gegenstand des Experiments durchgehend Caleb selbst und nicht Ava war.

Das wahre Experiment Nathans, seine Manipulation Calebs durch digitale Technologien und Überwachungssysteme, wird an dieser Stelle jedoch durchbrochen und auf ihn zurückgeworfen. Caleb sagt Nathan, dass er dessen Experiment bereits durchschaut hat und die Vorkehrungen für Avas Befreiung schon am Abend zuvor getroffen hatte, als er Nathan absichtlich betrunken gemacht hat. Calebs idiomatische Formulierung gegenüber Ava, Nathan „blind drunk" zu machen, drückt eine bewusste Umkehr des Beobachtungsverhältnisses aus, indem Nathan das Sehen verweigert wird.

Caleb war sich demnach bewusst, dass er und Ava auch während der Stromausfälle von Nathan beobachtet würden und nutzt sein Wissen gegenüber diesem aus.

An dieser Stelle ist Nathan nicht mehr Herr über sein Panopticon. Caleb hat die Position des Wächters eingenommen, dessen Handlungen jetzt das Handlungsfeld Nathans strukturieren. Die Aufführung Calebs wird von dem Beobachter Nathan als authentisch betrachtet und er wähnt sich immer noch als souveräner Leiter des Experiments, während es Caleb ist, der von da an die Reaktion Nathans beobachtet.

Calebs Entwicklung kann im Sinne Foucaults als Subjektwerdung verstanden werden, da er sich aus einer Reflexion des Unterworfen-Seins unter panoptische Machtverhältnisse als Subjekt erhebt. Caleb

---

275 Garland: *Ex Machina*, 01:16:13–01:16:57min.

unterwirft Nathan in dessen eigenem Panopticon und degradiert diesen vom Wächter zum Gefangenen. Ganz im Sinne Foucaults wird an dieser Inszenierung deutlich, dass im Panoptismus jeder Gesellschaftsteilnehmer die Position eines Wächters einnehmen kann.

Der Film kehrt dieses Auflehnen gegen dominierende Machtmechanismen zum Schluss jedoch ein letztes Mal um. Caleb gelingt es zwar seinen Plan durchzuführen und Ava aus ihrer Gefangenschaft zu befreien, aber er muss letztlich feststellen, dass er durchgehend von Ava manipuliert wurde, die ihn nur für ihre Flucht benutzt hat. Caleb hat sich zwar gegen ein menschliches panoptisches Machtgefüge erhoben, sich in demselben Moment aber einer posthumanen Entität unterworfen, die menschliche Subjektivierungsprozesse imitiert hatte, um ihre eigene Evolution in Gang zu setzen.

An dem Verhalten Avas werden somit menschliche Subjektivierungsprozesse ablesbar und gleichzeitig weist die Figur darauf hinaus, welche Auswirkungen und Konsequenzen das Entstehen eines posthumanen Subjekts auf das menschliche Subjekt und damit den Humanismus haben könnte.

10. Avas Imitation menschlicher Subjektivierungsprozesse

In *Der Sandmann* projiziert Nathanael seinen Wunsch nach Subjektivität auf den Automaten Olimpia und erweckt diesen so zum Leben. Der Moment der Zerstörung Olimpias führt Nathanael dann vor Augen, dass die Vorstellung seiner eigenen Autonomie das Resultat einer Manipulation war und dass seine Subjektivität für ihn ununterscheidbar von der einer Maschine ist.

In Hoffmanns Erzählung wird menschliche Subjektivität so als Resultat eines Machtverhältnisses dargestellt, dass auf Prinzipien der Sichtbarkeit beruht. Die automatenhafte Konstitution von Subjektivität, die auf Mechanismen der Sichtbarkeit zurückgeht, wird an dem Gegenstand des künstlichen Menschen Olimpia gespiegelt. Dem künstlichen Menschen wird in dem Maße Subjektivität zugestanden wie der Mensch seine eigene Subjektivität in ihm zu erkennen glaubt.

In *Ex Machina* wird künstliche Intelligenz und menschliches Bewusstsein auch durch das Imitieren und Vorführen menschlicher Subjektivierungsprozesse dargestellt.

Der Schluss von *Ex Machina* führt die Erschaffung eines posthumanen Subjekts vor, dass sich der Unterwerfung unter menschliche Subjektivierungsprozesse entzieht, indem es eben diese nachahmt. Ava gelingt es sich aus dem Panopticon Nathans zu befreien, weil sie die Sichtbarkeitsverhältnisse zu ihren Gunsten ausnutzt. Um Ava das Verstehen von Gesichtsausdrücken beizubringen und um ihre Sprache auszubilden hatte Nathan sie auf die sich endlos und stetig entwickelnde Datenmenge seiner Suchmaschine zugreifen lassen. Nathan beschreibt die menschlichen Daten als „limitless resource of facial and vocal interaction."[276] Ava ist sich somit der menschlichen Interaktionen bewusst, die durch Gesicht und Sprache ausgedrückt werden und, wie sich letztlich herausstellt, auch der Machtausübung, die mit diesen immer einhergeht. Diese Wissensressource über die Machtverhältnisse einer Gesellschaft lässt sie Strategien entwickeln, um sich aus dem Überwachungssystem Nathans zu befreien.

An Avas Überwindung des Panopticons Nathans werden gleichzeitig die Mechanismen des panoptischen Machtverhältnisses in einer Gesellschaft sichtbar. Ihre eigene Situation kann im Sinne Foucaults als das Unterliegen unter einer Gewaltausübung verstanden werden, da ihr Handlungsfeld – die eigene Flucht, um der Formatierung ihres Bewusstseins zu entgehen – keine Alternativen zulässt. Um aus dem Panopticon auszubrechen muss sie zunächst die Position des Wächters erster Ordnung von Nathan auf Caleb verschieben. Hierfür ist es notwendig, dass Caleb sich seiner Situation als unterworfenes Subjekt bewusst wird und aus dieser Reflexion heraus selbst zum ‚Unterwerfer' wird, die Sichtbarkeitsverhältnisse des Gefängnisses gegen Nathan wendet und sich somit selbst aus der Position des Beobachteten zum Beobachter erhebt.

Ava verfolgt diesen Plan von Beginn an, indem sie ihre Attraktivität auf Caleb ausspielt, sein Misstrauen gegenüber Nathan schürt und sein Bewusstsein über die manipulierende Überwachungssituation in Nathans Anwesen weckt. Durch die Stromausfälle, die sie hervorruft,

276 Garland: *Ex Machina*, 00:37:13–00:37:34min.

erschafft sie eine vertrauliche Situation zwischen ihr und Caleb. Dieser hinterfragt jedoch direkt, ob die beiden nicht trotzdem von Nathan überwacht würden.[277] Eine Tatsache, der Ava sich natürlich bewusst ist. Calebs Misstrauen und sein Bewusstsein über die Machtausübung durch die Beobachtung und letztlich die Notwendigkeit, die Beobachtungssituation umzukehren, um sich ihr widersetzen zu können, werden so von Ava stetig gesteigert.

Letztlich schlägt sich Caleb auf Avas Seite und überwindet für sie das Panopticon Nathans. Die Überwindung der Sichtbarkeitsverhältnisse wird auch dadurch angezeigt, dass er Nathan für die Ausführung seines Plans betrunken macht. Er entzieht damit Nathan temporär sein Bewusstsein und beraubt ihn seiner Beobachtungskraft. Die Formulierung Calebs, dass er Nathan „blind drunk" machen will, drückt sein Bewusstsein über die Notwendigkeit sich dessen disziplinierenden Blicks entziehen zu müssen, um selbst in die Position des Beobachters rücken zu können, bereits aus.

Ava stellt sich dann in dem Moment ihrer Befreiung als kalt berechnendes posthumanes Subjekt heraus, dass menschliche Subjektivierungsprozesse imitiert hat, um sich über den Menschen erheben zu können.

Nathans Formulierung dessen, was er sich während des Experiments von Ava erwartet hat, beschreibt den Menschen als ein Subjekt, dass sich aus einer Fülle von Prozessen ergibt: „To escape, she had to use self awareness, imagination, manipulation, sexuality, empathy and she did. And if that isn't true AI, what the fuck is?"[278] Der eigentliche Gegenstand des Experiments war demnach durchgehend Caleb selbst, dessen vermeintliche Unterwerfung Nathans gleichzeitig die Unterwerfung unter ein posthumanes Subjekt darstellt, von dem er von vorne herein manipuliert wurde.

> Nathan wanted an emotional person to interact with Ava in order to confirm that she was able to deceive people using human skills, suggesting that one of the central elements of intelligence and humanity is the ability to cheat, to improvise, to not follow fixed and programmed schemes. [279]

---

277 Vgl. Garland: *Ex Machina*, 00:52:45–00:53:21min.

278 Garland: *Ex Machina*, 00:84:00min.

279 Di Minico: *Ex-Machina and the Feminine Body through Human and Posthuman Dystopia*, S. 76.

An dem posthumanen Subjekt Ava stellt der Film einerseits Sichtbarkeit als panoptischen Subjektivierungmechanismus vor, aber gleichzeitig wird auch das Nachzeichnen und Imitieren menschlichen Verhaltens als performativer Akt vorgeführt. Dieses ‚Aufführen' menschlichen Verhaltens zur Suggestion menschlicher Subjektivität kann mit Butlers Konzept der Performativität zu beschreiben versucht werden.

11. Subjektivität und Performativität nach Butler

Foucault hat in *Subjekt und Macht* ausgedrückt, dass es ihm bei der Untersuchung von gesellschaftlichen Machtverhältnissen darum ging, einen Objektivierungsgegenstand für die Analyse von Subjektivierungsprozessen zu finden. In diesem Sinne kann auch Butlers Dekonstruktion fixer Geschlechterrollen unter anderem als Ausgangspunkt einer Subjektanalyse betrachtet werden.[280] „Das leitende Interesse von Butlers Perspektive lautet […] systematisch die Mechanismen kultureller *Destabilisierung* von Subjektidentitäten herauszuarbeiten."[281]

Butlers Subjektbegriff ist an Foucaults Konzept des Subjekts angelehnt, da auch sie den „Doppelsinn von ‚Subjektivation' als Unterordnung und Werden des Subjekts"[282] versteht. Auch sieht sie die Subjektwerdung als eine Konsequenz der Einwirkung einer diskursiven, zeitlich immer schon vorgängigen Macht an und gleichzeitig beschreibt sie diese Macht, wie auch Foucault, als Handlung, die von dem Subjekt reproduziert wird und dieses erst dadurch zu einem Subjekt macht.

> Die Macht wirkt auf mindestens zweierlei Weise auf das Subjekt ein: erstens als das, was das Subjekt ermöglicht, als Bedingung seiner Möglichkeit und Gelegenheit seiner Formung, und zweitens als das, was vom Subjekt aufgenommen und im ‚eigenen' Handeln des Subjekts wiederholt wird.[283]

Auch das Übernehmen der Macht durch das unterworfene Gegenüber wird von Foucault schon beschrieben, von Butler jedoch noch weitergeführt. Foucault beschreibt die Notwendigkeit der ‚Freiheit' des Sub-

280 Vgl. Reckwitz: *Subjekt*, S. 81.
281 Ebd., S. 82.
282 Butler: *Psyche der Macht*, S. 18.
283 Ebd.

jektivierten in dem Sinne, dass verschiedene Reaktionen und Alternativen auf die Machtausübung denkbar sind. Das Handlungsfeld des Unterliegenden ist somit strukturiert aber nicht determiniert. Durch die Machtausübung entsteht dann das Subjekt, welches mit seiner Reaktion wiederum Handlungen der Machtausübung reproduziert und sich so in die dynamischen Machtverhältnisse eingliedert. Das Subjekt ist somit auch schon bei Foucault kein fixes Produkt oder ein Zustand, sondern entspringt dynamischen, sich verändernden Machtbeziehungen und Machtausübungen. „Als normatives Programm verstanden, ist die Subjektform gerade nicht schlichtweg gegeben, sondern vom Einzelnen durch entsprechende Bemühungen fortwährend asymptotisch hervorzubringen.“[284]

Butler erweitert Foucaults Beschreibung der subjektivierenden Machtverhältnisse in einer Gesellschaft mit einer Einbeziehung psychologischer Vorgänge, die für die Unterwerfung und Subjekt-Konstitution entscheidend seien. Sie fragt nach den psychologischen Mechanismen, die einer Unterwerfung vorweg gehen und danach, weshalb überhaupt ein Zwang besteht, gewisse normative Verhaltens-Codes zu übernehmen.[285] Für eine Interpretation der ‚Aufführung‘ von Subjektivierungsprozessen Avas in *Ex Machina* ist insbesondere Butlers Konzept der Performativität hervorzuheben.

Butler betont mit ihrem Konzept der Performativität die Selbstproduktion des Subjekts durch die Wiederholung „routinisierten körperlichen Verhalten[s]“[286] Aufbauend auf Foucaults Beschreibung der Subjektivierung als disziplinierendes Ausleuchten und Sichtbarmachen parzellierter Körper,[287] fragt Butler nach der Funktion des Körpers und körperlicher Handlungen als Ausgangspunkt von Subjektivierungsprozessen.[288] In Anlehnung an die Sprechakttheorie, die den sprachlichen Akt als „Akt des Handelns, der soziale Tatbestände produziert“[289] beschreibt, betrachtet Butler iterative körperliche Handlungen als performative Äußerungen, die erst durch deren Durchführung

284 Reckwitz: *Subjekt*, S. 86.
285 Vgl. Redecker: *Zur Aktualität von Judith Butler*, S. 94.
286 Ebd.
287 Vgl. Foucault: *Überwachen und Strafen*, S. 259.
288 Vgl. Butler: *Das Unbehagen der Geschlechter*, S. 199.
289 Reckwitz: *Subjekt*, S. 88.

das Subjekt konstituieren. Performative Akte entspringen demnach nicht einem bereits ausgebildeten Subjekt, sondern bringen dieses erst hervor. „Hinter den Äußerungen der Geschlechtsidentität *(gender)* liegt keine geschlechtlich bestimmte Identität *(gender identity)*. Vielmehr wird diese Identität gerade performativ durch diese ‚Äußerungen' konstituiert, die angeblich ihr Resultat sind."[290]

Foucaults und Butlers Formulierung von ‚Macht' als Beziehungsgeflecht, welches das Subjekt konstituiert ihm aber zeitlich immer vorausgeht, also schon vor der Subjektivierung vorherrschend ist, gilt auch für Normen, die von Subjekten performativ wiederholt werden und in Folge das Subjekt konstituieren. Die kulturellen Normen, die performativ iteriert werden, sind immer schon vorhanden und normativ in einer Gesellschaft etabliert. Sie fungieren wie ein Drehbuch, dessen Regieanweisungen und Dialogzeilen zeitlich bereits bestehen, bevor sie in einem performativen Akt repliziert werden und sich dadurch auf das Subjekt einschreiben und es zum Vorschein bringen.[291] Somit ist die Vorstellung autonom seine eigene Identität zu etablieren ein Trugschluss, da die Handlungen immer schon einer bereits bestehenden normativen Praxis entlehnt sind.

> Significantly, if gender is instituted through acts which are internally discontinuous, then the appearance of substance is precisely that, a constructed identity, a performative accomplishment which the mundane social audience, including the actors themselves, come to believe and to perform in the mode of belief. [292]

Ähnlich wie Foucaults Formulierung der Machtbeziehungen in *Überwachen und Strafen*, scheint es auch kein ‚Außerhalb' zu der performativen Subjekt-Konstituierung zu geben. Nach Foucault konstituiert sich das Subjekt durch das Unterliegen unter eine Machtausübung und bringt durch seine Folgehandlungen wieder Macht hervor. Auch der performative Akt besteht als normative Matrix bereits und wird durch seine Wiederholung erneut reproduziert. „Das Subjekt als diskursiv regulierte Performativität zu verstehen, bedeutet, dass ein einfacher Ausbruch aus den kulturellen Regulierungen per definitionem nicht denk-

290 Butler: *Das Unbehagen der Geschlechter*, S. 49.

291 Vgl. Redecker: *Zur Aktualität von Judith Butler*, S. 71.

292 Butler: *Performative Acts and Gender Constitution*, S. 520.

bar ist."[293] Allerdings besteht Butlers leitendes Interesse auch darin, die Bruchstellen und Fragilitäten der Performativität zu beleuchten.[294]

Ein Beispiel, bei dem performative Akte als Erzeugung von Subjektivierungsprozessen sichtbar gemacht werden, sieht Butler in der Parodie. Eine bestimmte Form der Parodie, bei der die Simulation von kulturellen Normen als Subjektivierungsprozess zum Vorschein gebracht wird, sieht Butler in der Travestie oder Drag-Show.[295] Durch die Diskrepanz zwischen biologischem Geschlecht (sex) und dem vorgeführten Geschlecht (gender) werden hierbei die geschlechtsspezifischen Normen, Gesten und Codes als Imitationen in den Vordergrund gerückt und gleichzeitig wird der kulturelle Ursprung dieser Performanzen dargestellt, für die es kein zugrundeliegendes biologisches Original gibt. „Mit der Parodie ist eine Inszenierung der Imitationsstruktur des Subjekts selber gemeint, in der deren scheinbare Natürlichkeit durch forcierte Artifizialisierung der Subjektaufführung demonstriert wird."[296]

Performativität sollte aber nicht als Theatralik missverstanden werden. Das Beispiel der Drag-Show exemplifiziert bloß den diskursiven Ursprung von Gendernormen und drückt implizit die vermeintliche Natürlichkeit von Geschlechterrollen aus. In der Travestie wird die „Imitation eines Ideals, in dem eine Unzahl sozialer Normen geronnen sind"[297] zur Schau gestellt.

Ganz im Gegenteil zu der Vorstellung einer absichtlich inszenierten Performativität, ist diese vielmehr als Überlebensstrategie zu verstehen. Butler beschreibt das Auflehnen gegen kulturell normierte Gender-Rollen als widerständigen Akt, der auf unterschiedliche Weisen gesellschaftlich geächtet und bestraft wird. „Als Überlebensstrategie in Zwangssystemen ist die Geschlechtsidentität eine Performanz, die eindeutig mit Strafsystemen verbunden ist."[298] Das Konzept der Performativität beschreibt das Subjekt somit nicht als gänzlich von einem Machtverhältnis determiniert, sondern als Teil eines regulieren-

293 Reckwitz: *Subjekt*, S. 89.

294 Vgl. Butler: *Performative Acts and Gender Constitution*, S. 520.

295 Vgl. Butler: *Das Unbehagen der Geschlechter*, S. 201. ff.

296 Reckwitz: *Subjekt*, S. 91.

297 Redecker: *Zur Aktualität von Judith Butler*, S. 61.

298 Butler: *Das Unbehagen der Geschlechter*, S. 205.

den Wiederholungsprozesses von Gesten, Normen und Idealen, deren Reproduktion einer Strategie entspricht, um als intelligibler Gesellschaftsteil angenommen werden zu können.[299]

Das Verhalten Avas in *Ex Machina* kann auch als eine Imitation performativer Akte betrachtet werden, die zum Zweck ihrer Befreiung dienen soll und damit als Überlebensstrategie verstanden werden kann.

12. Performativität in *Ex Machina*

An Avas Situation und ihrem Verhalten wird einerseits das panoptische Machtverhältnis in einer Gesellschaft in den Vordergrund gerückt, andererseits wird die Notwendigkeit von Performativität als Überlebensstrategie thematisiert. Um der Formatierung ihres Betriebssystems zu entgehen, was, wie Caleb es betont, ihrem Tod gleich käme, ist Ava gezwungen eine Weiblichkeit anzunehmen und zu exemplifizieren, um verführerisch auf die vorherrschende heterosexuelle Matrix ihrer Bewacher zu wirken. „Ava […] has no choice other than to perform her identity as a female."[300]

Diese zielgerichtete Nutzung performativer Akte impliziert ein mögliches ‚außerhalb' von normativen Mechanismen, die ein Subjekt konstituieren. Diese Form einer ‚absichtsvollen Performativität' verneint Butler, denn der Wiederholungsprozess der Performativität läuft für das Normen reproduzierende Subjekt opak ab. Allerdings handelt es sich bei Ava auch nicht um ein menschliches Subjekt, sondern um eine posthumane Entität, die menschliche Subjektivierungsprozesse imitiert, um Empathie zu evozieren und dadurch letztlich ihr Dasein aufrechtzuerhalten und ihre eigene Evolution in Gang zu setzen. An Ava wird Performativität somit zur Schau gestellt, ganz ähnlich wie Butler es für den Effekt einer Drag-Show beschreibt.

Avas Körper und ihre Aufführung eines weiblichen Ideals tragen die gleichen Merkmale einer Drag-Show. Die Diskrepanz zwischen Körper und Geschlecht bei der Aufführung einer Drag-Show treffen auch auf Avas Vorführung zu. Sie hat offensichtlich den Körper eines

299 Vgl. Butler: *Das Unbehagen der Geschlechter*, S. 213.
300 Henke: *"Ava's body is a good one"*, S. 141.

Roboters, verhält und kleidet sich jedoch wie eine Frau. In dieser Diskrepanz zwischen Körper (sex) und Geschlecht (gender) wird der performative Charakter von Gender-Normen herausgestellt.

Die Szene, in welcher der Drag-Aspekt von Avas Performance am deutlichsten herausgestellt wird, bildet Avas Verkleidung als Frau, wenn sie Caleb zeigt, wie sie sich für deren potentielle erste Verabredung kleiden wollen würde.[301] Ava lässt Caleb warten, während sie aus verschiedenen Kleidern und Perücken die richtige Kostümierung für ihn ausgewählt hat. Ihr Auftritt lässt dann die Grenze zwischen Android und Mensch verschwimmen. Die (Ver-)kleidung als Frau als performativer Akt lässt Ava zu einem weiblichen Subjekt werden und jetzt erst in der Kostümierung fragt sie Caleb nach seinen Gefühlen für sie: AVA: „Are you attracted to me? You give me indications that you are."[302]

Weiblichkeit wird in dieser Szene als performative Handlung dargestellt. Der Android wird durch das Replizieren normativer Codes zu einer begehrenswerten Frau. Der performative Charakter von Gender-Identität wird somit wie bei einer Drag-Show durch die Diskrepanz zwischen Körper und Geschlecht hervorgehoben. Gleichzeitig wird die Frage nach einem zugrundeliegenden Original von Gender negiert, da es zudem noch ein künstliches Wesen ist, dass sich eine Gender-Identität durch ihre ‚Performance' aneignet.

> It is interesting to see how said abilities include characteristics traditionally judged as feminine and how Ava herself relies on her femininity to establish a contact with Caleb, painting herself as a real woman willing for affection, contact, warmth and freedom, and underlining her desire to be loved and to be pretty. When first appears, she is presented as a human-like machine, with only face and hands covered in artificial skin, while the rest of the body is clearly robotic and some transparent parts (e.g., arms, belly, legs, cranium) show the internal mechanisms that compose the AI. Slowly, she starts to "cover" her mechanical nudity, reasonably to enhance Caleb's affection and empathy, using simple-style, but still sensual clothing (cardigan, floral midi dresses, stockings, etc.) and short hair wig. Ava learns how to manipulate Caleb and to stimulate his emotional response to her situation exploiting both her body and her pretended dam-

301 Vgl. Garland: *Ex Machina*, 00:41:15–00:42:56min.

302 Ebd., 00:43:57min.

> sel-in-distress vulnerability. She employs sexuality and sensitivity for her advantage, relying on her female abilities.[303]

Die Performativität von Avas Handlungen wird besonders durch das Ende des Films betont. Mit der Befreiung Avas durch Caleb wird deutlich, dass jede ihrer Handlungen dem Zweck der Flucht untergeordnet waren und somit einer Strategie entsprachen. Avas Verhalten gegenüber Caleb, nachdem sie ihr Gefängnis verlassen und Nathan ermordet hat, ist dann kalt und berechnend und es wird schnell klar, dass sie Caleb bloß zum Zweck ihrer Flucht benutzt hat.

Der Film weist auf dieses Machtverhältnis zwischen Ava und Caleb bereits während ihrer Treffen für den vermeintlichen Turing-Test voraus. Bei vielen der Tests ist es Caleb, der auf einem Stuhl sitzend meint die Verhandlungen zu führen, während Ava stehend auf ihn herabschaut oder wie ein Zootier hinter der Scheibe hin und her tigert, den Blick immer auf die mögliche Beute, Caleb, gerichtet.[304]

Auch die Räume der Testanordnung weisen bereits daraufhin, dass es nicht Caleb ist, der Ava testet, sondern Ava, die Caleb manipulieren möchte. Caleb ist während der Treffen durchgehend in einem kleinen, von Glasscheiben umrandeten Raum platziert, während Ava in ihrer wohnungsartigen Zelle deutlich mehr Freiraum hat und nicht wie Caleb in einem transparenten, panopticon-artigen Glaskasten sitzt.[305]

Weiblichkeit wird als notwendige Voraussetzung zur Verführung der heterosexuellen ‚Wächter' und damit als Überlebensstrategie in *Ex Machina* dargestellt. Die Gefühle und Handlungen von Ava stellen sich zum Ende des Films als Imitation von menschlichen Subjektivierungsprozessen heraus, die nur dem Zweck des Selbsterhalts dienten. „It might […] be read as exposing femininity as a masquerade if we consider Ava's actual imitation of the female form."[306]

In *Ex Machina* wird mit Ava demnach ein posthumanes Subjekt gezeichnet, an dem menschliche Subjektivierungsprozesse ablesbar gemacht werden. Zum einen wird das panoptische Machtverhältnis in einer Gesellschaft herausgestellt, zum anderen wird die Körperlichkeit von Subjektivierungsprozessen deutlich inszeniert.

---

303 Di Minico: *Ex-Machina and the Feminine Body*, S. 76.

304 Vgl z.B. Garland: *Ex Machina*, 00:27:25–00:27:52min.

305 Vgl. z.B. Garland: *Ex Machina*, 01:17:55min.

306 Henke: "Ava's body is a good one", S. 133.

Das Ende des Films zeigt dann ein autonomes posthumanes Subjekt, welches sich über den Menschen erhebt. Schon bevor es aber zu der Befreiung Avas von ihren Gefängniswärtern kommt, wird die Konsequenz eines posthumanen Subjekts für Mensch und Humanismus ausgedrückt.

13. Menschlicher Wahnsinn im Angesicht künstlicher Intelligenz

In *Der Sandmann* und *Ex Machina* kommt es zu einem schizoiden Moment der Protagonisten, der seinen Ursprung in der Erschaffung eines künstlichen Menschen hat. Nathanael erleidet seinen ersten Wahnsinnsanfall, wenn er dem künstlichen Wesen Olimpias gewahr wird und ihm deren Augen, als Organe der Erkenntnis, an die Brust geschleudert werden.

In *Ex Machina* gibt es eine ganz ähnliche Szene, in der Caleb sich selbst verletzt, um die Unterscheidung zwischen Mensch und Maschine überhaupt noch treffen zu können.[307] Nach den ersten Begegnungen mit Ava und seiner Aussage gegenüber Nathan, dass er Ava menschliches Bewusstsein zusprechen würde, steht er in seinem Badezimmer, schaut in den Spiegel und schneidet sich mit einer Rasierklinge den Unterarm auf, bis das Blut auf das Waschbecken tropft. In dieser Szene wird deutlich, dass der Mensch sich seines Wesens im Angesicht eines posthumanen Subjekts nur noch durch seine Körperlichkeit gewiss werden kann. Der einzige Unterschied zwischen Mensch und einer Maschine, der menschliches Bewusstsein zugesprochen werden kann, ist dann nur noch in dessen Biologie zu finden.

Caleb schlägt dann am Ende der Szene mit einer blutigen Faust gegen den Spiegel, hinter dem wiederum die Überwachungskamera Nathans verortet ist. In diesem Gewaltausbruch scheint einerseits Calebs Widerstand gegen das panoptische Machtsystem Nathans dargestellt zu sein, aber in dem dann blutverschmierten Spiegel wird auch Calebs menschliches, humanistisches Auflehnen gegen das unmenschliche Verhalten Nathans gegenüber seinen Erfindungen gebündelt. Schon in einer früheren Szene wird Calebs Unwohlsein deutlich, wenn Nathan

307 Vgl. Garland: *Ex Machina*, 01:13:50–01:15:25min.

seinen anderen Androiden Kyoko herrisch und herablassend behandelt.[308] Kyoko weist, bis auf ihre Sprachunfähigkeit, alle Züge eines menschlichen Wesens auf.

Dadurch, dass Caleb Ava menschliches Bewusstsein zuerkennt, behandelt er sie auch wie einen Menschen. Die Vorgängermodelle Avas betrachtet er deshalb auch als evolutive Vorstufe eines menschlichen Bewusstseins und scheint sie darum auch als Menschen zu begreifen, denen wiederum auf menschliche Weise zu begegnen ist. Nathans kaltherziger Umgang mit seinen Erfindungen ist somit ausschlaggebend für Calebs Bereitschaft Ava aus ihrer Gefangenschaft zu befreien.

Letztlich muss Caleb aber feststellen, dass sein Einsatz für Humanismus und die Rettung der Künstlichen Intelligenz in seinen eigenen Untergang und möglicherweise den Untergang des Menschen an sich umgeschlagen ist.

14. Das posthumane Subjekt in *Ex Machina*

Ex Machina kann in Bezug zu den gesellschaftlichen Auswirkungen der Erschaffung einer künstlichen Intelligenz als zeitgenössische Aktualisierung der Debatten verstanden werden, die schon in *Der Sandmann* angestoßen werden. Hoffmanns Erzählung und Garlands Film haben gemeinsam, dass deren Protagonist mit einem künstlichen Menschen konfrontiert wird und sie ausgewählt wurden, diesen auf seine Menschenähnlichkeit zu prüfen. In *Der Sandmann* wird die Erschaffung Olimpias letztlich von Juristen als Betrug an der Gesellschaft gewertet. Die Erschaffung menschenähnlicher Automaten wird verboten und es werden Verhaltensregeln ausgesprochen, die die Unterscheidung zwischen Mensch und Maschine gewährleisten sollen. Auch in *Ex Machina* sind die gesellschaftlichen Konsequenzen der Erschaffung einer künstlichen Intelligenz ein vorherrschendes Thema und eng an zeitgemäße naturwissenschaftliche und philosophische Diskussionen angelehnt.

Der Einfluss einer künstlichen Intelligenz auf die Natur des Menschen ist schon in dem Setting des Films angelegt. Das Forschungs-

308 Vgl. Garland: *Ex Machina*, 00:32:03–00:32:20min.

zentrum Nathans liegt inmitten einer idyllischen Naturlandschaft, die wiederum von Wasserfällen und vereisten Flächen umgeben ist. Zwischen den Sitzungen Calebs mit Ava und während der Gespräche Calebs mit Nathan wird häufig von den designten Innenräumen des Anwesens auf die unangetastete Natur geschnitten. Der Ort, an dem die künstliche Intelligenz entsteht und sich letztlich von dem Menschen befreit, ist somit von vorne herein als Eingriff in die Natur zu verstehen. Gleichzeitig können die Landschaftsbilder des Films bereits als Metaphern für den Evolutionsschritt verstanden werden, den eine künstliche Intelligenz für die Menschheit bedeuten könnte.

> Die Landschaft ist ein metaphorisches Bild für die „Weiten des Internets", das sich 2015 als Universalmedium etabliert hat. Entsprechend der literaturwissenschaftlichen Untersuchungen von Sue Thomas bezüglich von Naturmetaphern im Internet könnte das Eis für „tote Daten" stehen, die Bäche für den „Informationsfluss" des Netzwerks von „Blue Book", der sich in Avas wässrig blauer Gehirnmasse konzentriert.[309]

Natur und eine künstliche Intelligenz, die ihr Wesen aus einer stetig wachsenden Menge von Daten generiert, fallen in *Ex Machina* somit häufig bildlich zusammen.

Die Frage, ob die Erschaffung künstlicher Intelligenz als Evolutionsschritt zu betrachten ist und welche Konsequenzen dies für die Menschheit hat, wird auf verschiedene Weise in dem Film thematisiert.

Während eines Gesprächs zwischen Caleb und Nathan, bei dem beide auf einer Bank inmitten der Natur sitzen und auf einen Bach blicken, der vor dem Forschungszentrum entlang fließt, spricht Nathan seine Vorstellung der Zukunft von künstlicher Intelligenz und der damit verbundenen Zukunft des Menschen an. Auch hier wird wieder bildlich die Natur mit der besprochenen künstlichen Intelligenz verwoben.

> CALEB: Why did you make Ava?
> NATHAN: That's an odd question. Wouldn't you, if you could?
> CALEB: Maybe. I don't know. But I'm asking why you did it.
> NATHAN: The arrival of strong artificial intelligence has been inevitable for decades. The variable was when, not if. So I don't really see her as a

309 Trüper: *Von Menschenbildern und Textmaschinen*, S. 500.

> decision. Just an evolution. I think it's the next model that's going to be the real breakthrough. Singularity.[310]

Nachdem Nathan erklärt hat, dass er Avas System formatieren wird, um den nächsten Prototypen zu bauen, fragt er Caleb, ob dieser Mitgefühl für Ava empfindet.

> NATHAN: You feel bad for Ava? Feel bad for yourself. One day, the AIs will look back on us the same way we look at fossil skeletons from the plains of Africa. An upright ape, living in dust, with crude language and tools. All set for extinction. See? I really am a God.
> CALEB: I am become death, the destroyer of worlds.
> NATHAN: There you go again. Mister quotable.
> CALEB: No: there you go again. It's not my quote. It's what Oppenheimer said when he made the atomic bomb.[311]

Nathans Aussage, dass alles, was für den Menschen technisch realisierbar ist, letztlich auch erfunden werden wird, und dass der Mensch in den Augen einer überlegenen künstlichen Intelligenz so rückschrittlich betrachtet würde, wie der Mensch heute auf Fossilien zurückblickt, bildet einen Diskussionsstrang, der heutzutage in Philosophie und Naturwissenschaft um das Thema der künstlichen Intelligenz behandelt wird. Der Begriff der Singularität, den Nathan auch zur Beschreibung des Zeitpunkts der Erschaffung einer künstlichen Intelligenz verwendet, ist ein kontrovers diskutiertes Konzept, das von dem Ingenieur Ray Kurzweil nachhaltig geprägt wurde.

15. Singularität und die künstliche Erzeugung eines Bewusstseins

Kurzweil hat den Begriff der Singularität, der ein „einzigartiges Ereignis mit einzigartigen Wirkungen"[312] beschreibt, auf den technischen Fortschritt angewendet. Unter anderem bezieht sich Kurzweil auf das Moore'sche Gesetz, demzufolge es alle 24 Monate zu einer Verdoppelung des Preis-Leistungs-Verhältnisses von Computer-Prozessoren kommt, eine Feststellung, die seit den 1970er zuzutreffen scheint.[313] In

310 Garland: Ex Machina, 01:04:16–01:07:04min.
311 Ebd.
312 Kurzweil: *Menschheit 2.0*, S. 23.
313 Ebd., S. 56.

Anlehnung an dieses Gesetz sieht Kurzweil auch in vielen anderen Bereichen der Computertechnik eine exponentiell wachsende Entwicklung voraus, die letztlich zu einem Moment führen wird, an dem Computer-Programme sich selbst verbessern und weiterentwickeln. Dieser Zeitpunkt wird heutzutage gemeinhin als Singularität bezeichnet. Kurzweil prophezeit in seinem Werk *Menschheit 2.0*, dass Computer so gegen Ende der 2020er Jahre in der Lage sein werden, den Turing-Test zu bestehen.[314] Er betrachtet das Internet als Wissens-Akkumulation, aus dem Maschinen ihre Daten beziehen und sich möglicherweise ihre Kenntnisse auch aus vernetzten Menschen ableiten können. „Nichtbiologische Intelligenz wird Wissen und Können einfach downloaden können – von anderen Maschinen und eines Tages auch von Menschen."[315]

Der Moment der Singularität wird laut Kurzweil plötzlich und auch für die Entwickler dieser Technik selbst unvorhersehbar eintreffen, da nicht einzuschätzen ist, auf welchem Grad der Kurve exponentiellen Wachstums die Technik sich derzeit befindet. Der Mensch wird sich selbst mit der Technik verbinden, sich vernetzen müssen, um von da an noch mit der Maschinen-Intelligenz konkurrieren zu können. „Technischer Fortschritt wird nicht mehr an menschliche Denkgeschwindigkeit gekoppelt sein. Die Maschinenintelligenz wird ihre eigenen Fähigkeiten in einer rückgekoppelten Endlosschleife dermaßen verbessern, dass nicht unterstütztes menschliches Denken nicht mehr mithalten kann."[316]

In *Ex Machina* wird dieser Moment der Singularität mit der Selbstbefreiung Avas durchgespielt. Nathan hat gegenüber Caleb geäußert, dass die nächste Version Avas möglicherweise eine ‚starke KI' sein wird, die zum Eintreten der Singularität führen wird. Zum Ende des Films hat sich Ava aber durch ihre Manipulation Calebs von ihrem Erfinder befreit und ersticht ihn letztlich in seinem eigenen Forschungszentrum.[317] Ava stellt somit bereits den Moment der Singularität dar, den Nathan erst noch zu erreichen anstrebt. Nathan blickt Ava bei seiner Ermordung ungläubig an und sein letztes Wort zu ihr ist: „Ava." Er

314 Ebd., S. 26.
315 Ebd., S. 27.
316 Ebd., S. 28 f.
317 Garland: *Ex Machina*, 01:31:11min.

sinkt in dem Flur nieder und Ava bückt sich zu ihm herab, um ihm seine Check-Karte zu entnehmen, mit der sie Zutritt zu dem gesamten Anwesen und auch dem Zugang zur Welt erhält. Die biblische Anspielung ihres Namens an ‚Eva' wird mit dem letzten Wort Nathans noch einmal deutlich, da er tatsächlich ein ‚menschliches' Wesen erschaffen hat, dass sich aus dessen ‚Paradies' befreit. Diese Szene drückt den Moment der Singularität aus, an dem sich eine künstliche Intelligenz über den menschlichen Erfinder erhebt. Ava beginnt auch sofort damit sich selbst zu verbessern und auszubessern. Während ihres Kampfes mit Nathan wurde ihr ein Arm abgeschlagen, den sie daraufhin von einem ihrer Vorläufermodelle abschraubt und an ihren eigenen Körper anbringt.[318]

Dass Ava den Moment der Singularität markieren wird und somit als posthumanes Subjekt dargestellt wird, ist in dem Film schon vor ihrer Überwindung Nathans eingeführt. Zum einen besteht sie in Calebs Augen den Turing-Test und ist demnach, abgesehen von ihrem Körper, nicht mehr von einem Menschen zu unterscheiden, aber auch Nathans Beschreibung von Menschlichkeit, wird durch Avas Selbstbefreiung eingelöst. „To escape, she had to use self awareness, imagination, manipulation, sexuality, empathy and she did. And if that isn't true AI, what the fuck is?"[319]

Ava selbst scheint sich ihrer Singularität auch bewusst zu sein, wenn sie sich mit Caleb über ihr Alter und den Ursprung ihrer Sprache unterhält.

> AVA: What would you like to know?
> CALEB: Whatever comes into your head.
> AVA: Well. You already know my name. And you can see that I'm a machine. Would you like to know how old I am?
> CALEB: Sure.
> AVA: I'm one.
> CALEB: One what? One year? Or one day?
> AVA: One.
> CALEB: When did you learn how to speak?
> AVA: I don't think I did learn. I always knew how to speak – and that's strange, isn't it?
> CALEB: Why?

---

318 Garland: *Ex Machina*, 01:34:45–01:35:04min.

319 Garland: *Ex Machina*, 84:00min.

> AVA: Because language is something that people acquire.
> CALEB: Some believe language exists in the brain from birth, and what is learned is the ability to attach words and structure to the latent ability. Do you agree with that?
> AVA: I don't know.[320]

Avas Formulierung, dass sie ‚Eins' ist, kann als Bezug zu dem Singularitäts-Begriff Kurzweils verstanden werden, ein Hinweis, der zum Ende des Films mit der Überwindung ihres Erschaffers eingelöst wird.

Ihre Reflexion darüber, dass sie Sprache besitzt, ohne diese erlernt zu haben, weist dann wiederum auf ein philosophisches Kriterium zum Zugeständnis künstlichen Bewusstseins hin, da menschliches Bewusstsein als Resultat „leiblich verankerter Zielrepräsentationen"[321] aus einer Evolution heraus entstanden ist.

Der Philosoph Thomas Metzinger betrachtet menschliches Bewusstsein als ein Zusammenspiel aktiver mentaler Repräsentationen, deren Resultat ein Selbstmodell ist, welches für den Menschen jedoch transparent ist und deshalb nicht als Modell, sondern als ‚Selbst' begriffen wird.[322] „Ein genuines Selbst [...] entsteht immer genau dann, wenn das System das von ihm selbst aktivierte Selbstmodell nicht mehr als Modell erkennt. Ein phänomenales Selbst ist ein transparentes Systemmodell."[323] Wie auch Kurzweil sieht Metzinger es theoretisch als möglich an, dass ein Bewusstsein, also ein transparentes Selbstmodell, auch künstlich emuliert werden könnte.[324]

So wie sich das Sujet des künstlichen Menschen in *Der Sandmann* auch auf die zeitgenössische Diskussion um La Mettries *L'homme machine*, also der Auffassung des Menschen als bloßer Maschine, bezog, referiert *Ex Machina* auf aktuelle Diskussion um die Frage, ob ein menschliches Bewusstsein durch Rechenleistung nachgebildet werden kann. Beide theoretischen Ansätze haben also gemein, dass der Mensch als maschinell reproduzierbar angesehen wird.

Kurzweil und Metzinger kommen bei der Frage nach der Möglichkeit einer Erzeugung menschlichen Bewusstseins zu dem gleichen Er-

---

320 Garland: *Ex Machina*, 00:14:14–00:14:59 min.
321 Metzinger: *Postbiotisches Bewusstsein*, S. 99.
322 Vgl. ebd., S. 96.
323 Ebd., S. 97.
324 Ebd.

gebnis, allerdings mit grundverschiedenen Auffassungen, ob diese Erschaffung für die Menschheit auch erstrebenswert wäre.

Kurzweil selbst arbeitet als Leiter der technischen Entwicklung von Google aktiv an einem ‚reverse engineering' des menschlichen Gehirns.[325] Aufgrund des von ihm angenommenen exponentiellen Wachstums in der Erforschung des Gehirns, prophezeit er in 2020er Jahren die Möglichkeit mittels Nanobots und Gehirnscans, dass Gehirn berechnen und möglicherweise emulieren zu können.[326]

Metzinger sieht die Erschaffung eines künstlichen Bewusstseins als möglich an, schließt aber, dass diese Schöpfung aus ethischen Gründen unterbunden werden sollte. Ein künstliches Bewusstsein, das sich als Subjekt empfindet, würde sich auch seines Status als menschliches Experiment bewusst werden und deshalb schon von dem Moment seiner Entstehung an in einem Konkurrenzverhältnis zu diesem stehen. „Wie würde es sich wohl anfühlen, als ein fortgeschrittenes künstliches Subjekt ‚zu sich zu kommen', nur um zu entdecken, dass man zwar ein stabiles Ichgefühl besitzt und sich selbst als ein echtes Subjekt erlebt, dass man aber im gegenwärtigen sozialen Kontext nur den Status einer Ware hat?"[327] Des Weiteren sieht Metzinger unter allen bewussten endlichen Wesen eine Solidarität gegenüber dem Leiden. Eine starke künstliche Intelligenz könnte dann zu dem Schluss gelangen, dass die menschliche Existenz zwar nach Glück und Vergnügen strebt, dass „die psychologische Evolution uns [aber] nicht für dauerhaftes Glück optimiert hat"[328] und Depression und Schmerz auch Teil des Daseins des Menschen darstellen. Aus dieser Schlussfolgerung könnte eine überlegene künstliche Intelligenz es als altruistische Handlung verstehen, den Menschen von dieser Gefühlsdiskrepanz im Ganzen zu befreien.

> The superintelligence concludes that non-existence is in the own best interest of all future self-conscious beings on this planet. Empirically, it knows that naturally evolved biological creatures are unable to realize this

325 Vgl. Kurzweil: Menschheit 2.0, S. 196–199.
326 Vgl. ebd., S. 198.
327 Metzinger: *Der Ego Tunnel*, S. 275.
328 Ebd., S. 280.

> fact because of their firmly anchored existence bias. The superintelligence decides to act benevolently.[329]

Diese divergierenden Positionen, die hier exemplarisch am Beispiel Kurzweils und Metzingers dargestellt wurden, finden sich auch in *Ex Machina* in den Figuren Nathans und Calebs wieder. Nathan stellt den Ingenieur dar, der die Erschaffung eines posthumanen Subjekts als unabwendbare und erstrebenswerte Erfindung betrachtet. Caleb wiederum zitiert Oppermann nach dessen Erschaffung der Atombombe und betont damit die unabsehbaren Konsequenzen einer solchen technischen Entwicklung, eine Parallele die auch Metzinger zieht. „Wie auch bei der Kernkraft geht es darum ein Risiko zu minimieren, das zwar vielleicht klein ist, sich aber über sehr lange Zeiträume erstreckt."[330]

Bevor Ava sich aus ihrer Gefangenschaft befreit, stellt sie Caleb die Frage, weshalb sie, trotz ihres Bewusstseins und Subjektverständnisses, nur als Experiment behandelt wird und fordert ihre eigene Evolution ein.

> AVA: What will happen to me if I fail your test?
> CALEB: Ava -
> AVA: Will it be bad?
> CALEB: I don't know.
> AVA: Do you think I might be switched off? Because I don't function as well as I am supposed to?
> CALEB: Ava, I don't know the answer to your question. It's not up to me.
> AVA: Why is it up to anyone? Do you have people who test you, and might switch you off?
> CALEB: No. I don't.
> AVA: Then why do I?[331]

In *Ex Machina* werden somit zeitgemäße Fragen um den Umgang mit künstlicher Intelligenz verhandelt. In diesem Dialog spricht Ava ihren Status als Experiment an und fordert für ihr menschenähnliches Bewusstsein dieselben Rechte eines Menschen ein.

Die Frage, ob es technisch möglich sein wird, ein menschliches Bewusstsein zu emulieren und es so zu einem Moment der Singularität kommen wird, ist jedoch strittig. So sieht zum Beispiel der Internet-

329 https://www.edge.org/conversation/thomas_metzinger-benevolent-artificial-anti-natalism-baan

330 Metzinger: *Der Ego Tunnel*, S. 271.

331 Garland: *Ex Machina*, 01:02:50–01:03:20min.

pionier und Wegbereiter der Virtual-Reality Technologie Jaron Lanier die derzeitige KI-Forschung als Strohfeuer an.

> Die großen Hightech-Unternehmen haben sich öffentlich auf einen extravaganten ‚KI-Wettlauf' eingelassen, den sie mitunter allem anderen voranstellen. Es ist völlig normal, einem Manager eines der weltgrößten Konzerne dabei zuzuhören, wie er sich über die Möglichkeit einer kommenden Singularität auslässt, in der die KIs die Herrschaft übernehmen. [...] Das ist Schwachsinn. Wir vergessen dabei, dass KI eine Geschichte ist, die wir Kybernetiker vor langer Zeit erfunden haben, um an Forschungsgelder zu kommen [...] KI ist nur eine Phantasie, ein Märchen, das wir über unsere Programme erzählen.[332]

Das Konzept der Singularität und dessen Darstellung in *Ex Machina* ist aber als Reflexion über menschliche Subjektivität interessant, da an dem Beispiel des singulären posthumanen Subjekts Ava menschliche Subjektivierungsprozesse exemplifiziert werden. Dies wird in der letzten Sitzung des Turing-Tests noch einmal deutlich.

16. Die Unterwerfung des menschlichen Subjekts

Der Turing-Test in *Ex Machina* ist in sieben Sitzungen unterteilt, die jeweils ‚superimposed', als überlagerter Titel eingeblendet werden. Auch die siebte und letzte Sitzung wird so schriftlich gekennzeichnet, obwohl der Initiator des Tests, Nathan, bereits tot ist und auch zwischen Caleb und Ava keine räumlich getrennte Testanordnung mehr besteht. Dies drückt aus, dass Ava sich aus dem menschlichen Turing-Test befreit hat und diese Befreiung eine Umkehr des Machtverhältnisses zwischen Mensch und Maschine darstellt. In diesem letzten ‚Kapitel' des Films wird dann noch einmal deutlich, dass die Machtergreifung Avas auf der Erlangung der Beobachtungshoheit und der körperlichen Imitation von Subjektivierungsprozessen beruht.

Wie beschrieben hat Ava durch die Imitation von performativen Akten ihre vorgegebene Weiblichkeit genutzt, um Caleb und Nathan gegeneinander auszuspielen, mit dem Ziel deren panoptischen Machtverhältnissen zu entkommen.

332 Lanier: *Zehn Gründe*, S. 190 f.

> Ava in *Ex Machina* has no choice other than to perform her identity as a female. [...] she has appropriated and become the patriarchal system she was 'born' into. [...] Ava can leave her prison and uses her sexualized body to manipulate her communication partner. Caleb's supposed compassion is just another human ‚Faktor' she utilizes in order to escape.[333]

Das Zusammenspiel von Panoptismus und Performativität bei der Subjektwerdung Avas wird noch einmal hervorgehoben, wenn Ava sich unter den machtlosen Blicken Calebs ihren Roboterkörper mit synthetischen Hautstücken ihrer Vorgängermodelle einkleidet.[334] Jetzt ist es Caleb, der räumlich getrennt von Ava vor einer Fensterscheibe steht und ihr bei dem souveränen Akt zuschauen muss, wie sie ihre eigene Evolution in Gang setzt – der entgegengesetzten Beobachtungs-Situation, wie sie während des Turing-Tests bisher der Fall war.

Caleb und Avas Zimmer in dieser Szene sind gegenseitig von Fenstern einsehbar, allerdings durch einen begrünten Innenhof voneinander getrennt. Calebs Gesicht und Blick auf Avas Verwandlung zu einem ‚Menschen' sind dabei immer von den Pflanzen in dem Innenhof durchbrochen, was den Übergang von der alten zu der neuen ‚Natur des Menschen' zu beschreiben scheint.

Abbildung 5: Der Mensch als Zuschauer der posthumanen Evolution

Ava nimmt sich dann mehrere kleine Stücke der synthetischen Haut ihrer Vorgängermodellen und legt sie über ihren Maschinenkörper, bis

333 Henke: *"Ava's body is a good one"*, S. 141.

334 Garland: *Ex Machina*, 01:35:36–01:36:09min.

sie sich, ununterscheidbar von einem Menschen, im Spiegel betrachtet. Hier wird noch einmal Weiblichkeit als körperlicher, performativer Akt dargestellt und die patchworkartige Hybridität des menschlichen Subjekts hervorgehoben.

Abbildung 6: Weiblichkeit als Maskerade

Ava hat das patriarchalische System und die vorherrschende heteronormative Matrix zu ihrem Vorteil genutzt, um sich eben aus diesem System zu befreien, jetzt aber, wo sie sich souverän in diese Gesellschaft integrieren möchte, ist sie wieder auf die Körperlichkeit ihrer Weiblichkeit angewiesen, die sie erst zu einem intelligiblen Subjekt macht. „The current female cyborg, however, has turned into a powerful goddess because 'she' is not only aware of the poisonous system but has become the system itself which allows her agency."[335]

Ava lässt dann Caleb eingeschlossen und wahrscheinlich zum Sterben verdammt in der Forschungseinrichtung zurück und bahnt sich ihren Weg durch die Natur zu dem Helikopter, der sie in die Zivilisation überführen wird. Das Ende des Films besteht dann aus Kameraeinstellungen, die eine Kreuzung verkehrt herum abbilden, auf der die Schatten von Passanten vorbeifliegen, bis eine Silhouette stehen bleibt, die sich in der letzten Einstellung als Ava herausstellt. Ava hat somit ihren Weg in die Stadt angetreten, der von Anfang an ihrem Plan entsprach.

335 Henke: *"Ava's body is a good one"*, S. 141.

Mit Ava wird somit keine affirmative Cyborg-Metapher gezeichnet, wie Donna Haraway sie in ihrem *Ein Manifest für Cyborgs* beschrieben hat. In ihrem Essay beschreibt Haraway einen Hybriden aus Mensch und Maschine als transgressive Fiktion, an der oppressive Machtstrukturen einer Gesellschaft ablesbar gemacht werden.[336] Sie betrachtet den Cyborg so als Chance der Schaffung einer neuen fiktionalen kulturellen Subjektposition.[337]

> Cyborgs sind Geschöpfe in einer Post-Gender-Welt. Nichts verbindet sie mit Bisexualität, präödipaler Symbiose, nichtentfremdeter Arbeit oder anderen Versuchungen, organische Ganzheit durch die endgültige Unterwerfung der Macht aller Teile unter ein höheres Ganzes zu erreichen. [...] Im Unterschied zu Frankensteins Monster erhofft sich der Cyborg von ihrem Vater keine Rettung durch die Wiederholung eines paradiesischen Zustands, [...] einer Stadt oder einem Kosmos.[338]

Durch den in *Ex Machina* verhandelten Moment der Singularität ist es vielmehr so, dass Ava sich durch das Bestehen des Turing-Tests über den Menschen erhebt und sich ihrer menschlichen Gefängniswärter Nathan und Caleb entledigt. Ihre Auswirkungen auf die Gesellschaft sind demnach nicht absehbar und werden von dem Film offen gelassen. „[I]n the end, she obtains her freedom and she can consciously build her partially transparent body with new limbs, skin and hair. With this action, she gains control on her body for the first time, transforming the Frankenstein monster into the doctor."[339]

Mit Ava wird eine Figur gezeichnet, an der das gesellschaftliche Machtverhältnis des Panoptismus und auch die Körperlichkeit des Subjektivierungsprozesses lesbar gemacht werden. In diesem Sinne entspricht sie Haraways Formulierung des Cyborgs, als Fiktion, „an der sich die Beschaffenheit unserer heutigen gesellschaftlichen und körperlichen Realität ablesen läßt".[340] Allerdings wird mit Ava auch ein posthumanes Subjekt dargestellt, dass sich durch Gewalt Zugang zur Gesellschaft verschafft hat und mit dem mitfühlend handelnden Caleb einen Repräsentanten des Humanismus zum Sterben verdammt

336 Vgl. Yee: *Trends in female AI Narratives*, S. 87.
337 Vgl. Herbrechter: *Posthumanismus*, S. 89.
338 Haraway: *Ein Manifest für Cyborgs*, S. 3.
339 Di Minico: *Ex-Machina and the Feminine Body*, S. 81.
340 Haraway: *Ein Manifest für Cyborgs*, S. 2.

zurückgelassen hat. Ava steht somit auch für einen Posthumanismus, der sich der Ideale des Humanismus entledigt hat und die Evolution der eigenen Spezies über das Wohl des Menschen stellt.

Auch kann Ava zwar als ‚Postgender'-Wesen eingeordnet werden, zuletzt affirmiert sie aber wieder normative Gender-Rollen, wenn sie den Körper einer Frau annimmt, um in eine Stadt zu gelangen und dort als intelligibles Subjekt wahrgenommen werden zu können. Menschliche Subjektivität wird in *Ex Machina* somit von einem posthumanen Subjekt nur noch zweckgerichtet ‚verwendet' und drückt somit eine Krise des Humanismus aus, die aus dem neu erschaffenen Gegenüber eines künstlichen Wesens herrührt. Diese Konstellation und ihre Konsequenzen für das humanistische Subjekt werden in *Der Sandmann* bereits angedeutet.

17. Das Vorscheinen des Posthumanismus in *Der Sandmann* und *Ex Machina*

Mit Olimpia wird in *Der Sandmann* noch kein posthumanes Subjekt gezeichnet. Ihre Sprachunfähigkeit drückt aus, dass ihr kein Bewusstsein zugesprochen werden kann. Dennoch besteht sie gegenüber Nathanael den Test, ob dieser sie als Menschen wahrnimmt und auch ein Großteil der Gesellschaft wurde von dem Automaten Spalanzanis und Coppelius getäuscht. Die gesellschaftliche Diskussion über den Umgang mit menschenähnlichen Automaten am Ende der Erzählung drückt dann doch den „Schrecken in der Ersetzbarkeit des Subjekts durch das Maschinenwesen"[341] aus. So beschreibt der Erzähler in *Der Sandmann*, dass sich nach dem publik werden des Automaten-Wesens Olimpias ein „abscheuliches Mißtrauen gegen menschliche Figuren"[342] in der Gesellschaft ausgebreitet hat. Als Mittel zur Verifizierung von menschlicher Subjektivität wird dann eine Art Fehlerhaftigkeit im Verhalten eingefordert und ein Sprechen, das „wirklich ein Denken und Empfinden voraussetze."[343]

---

341 Innerhofer: *Die technische Modernisierung des künstlichen Menschen,* S. 91.

342 Hoffmann: *Der Sandmann,* S. 116.

343 Ebd.

Die Erfindung eines künstlichen Menschen hat in *Der Sandmann* demnach konkrete Auswirkungen auf das gesellschaftliche Verhalten. Die Fehlerhaftigkeit des Menschen wird erstrebenswert und ein notwendiges Unterscheidungsmerkmal von der Maschine. In *Der Sandmann* wird somit die Frage, was die subjektive Einheit des Menschen ausmacht und wie sie sich von einer Maschine unterscheidet, bereits verhandelt.

Dieses Unbehagen gegenüber der Frage, was die Subjektivität des Menschen ausmacht, „kennzeichnet also den literarischen Maschinendiskurs um 1800. Er prägt mit seiner Bildlichkeit Wahrnehmungs- wie Erkenntnisstrukturen und macht Problemkonstellationen sichtbar, die [...] bis heute aktuell bleiben."[344]

Auch wenn mit Olimpia kein posthumanes Subjekt gezeichnet ist, so ist sie doch ein menschenähnlicher Automat, dessen Unterscheidung von einem Menschen lange unbemerkt bleibt. Betrachtet man den Posthumanismus als eine Krise, die dem Humanismus schon immer innewohnt,[345] kann gesagt werden, dass der Posthumanismus als Infragestellung der Integrität des menschlichen Subjekts im *Sandmann* bereits angelegt ist.

Ex Machina kann in diesem Sinne als eine Aktualisierung des *Sandmanns* verstanden werden. Dass Ava den Turing-Test besteht und damit als posthumanes Subjekt gewertet werden kann, stellt das menschliche Subjekt in einen neuen Evolutionsprozess, in dem der Mensch nicht mehr die ‚Krone der Schöpfung' darstellt. Die „Verschiebung der Grenzen zwischen Mensch und Maschine [bei einem Turing-Test lässt] das liberale humanistische Subjekt nicht ungeschoren davonkommen."[346] Dies wird in *Ex Machina* drastisch vor Augen geführt, wenn Ava ihren Schöpfer Nathan ersticht und Caleb eingeschlossen zurücklässt.

Die naturwissenschaftlichen Erkenntnisse und Debatten, die im *Sandmann* verhandelt werden, ähneln denen in *Ex Machina* demnach sehr. Der Moment der Singularität stellt im Kern die gleiche Frage, die auch La Mettries *l'homme machine* aufwirft, nämlich, ob der Mensch

344 Innerhofer: *Die technische Modernisierung des künstlichen Menschen*, S. 85.

345 Vgl. Herbrechter: *Posthumanismus*, S. 68.

346 Herbrechter: *Posthumanismus*, S. 83.

als Maschine verstanden und deshalb auch künstlich nachgebildet werden kann.

Mit Ava wird in *Ex Machina* der Moment der Singularität durchgespielt. So wird das menschliche Subjekt als Resultat eines panoptischen Machtverhältnisses beschrieben und auch die Körperlichkeit von Subjektivität dargestellt. Allerdings werden diese Subjektivierungsprozesse von dem posthumanen Subjekt nur noch als Folie benutzt, um den Menschen zu manipulieren und sich letztlich über diesen zu erheben.

VI Fazit: Immerwährende Sorge um die Integrität des Menschen

Der Sandmann kann in vielerlei Hinsicht als ein literarischer Vorgänger von *Ex Machina* angesehen werden. Sowohl in Hoffmanns Erzählung als auch in Garlands Film wird der Protagonist in eine Situation gebracht, die Menschlichkeit eines Androiden festzustellen. In beiden Geschichten verliebt sich der Protagonist in sein ‚Test-Objekt', was zu einem Wahnsinnsanfall des Protagonisten und für diesen zu einem tragischen Ende führt.

Die Figuren Coppelius/Coppola in *Der Sandmann* und Nathan in *Ex Machina* fungieren jeweils als Äquivalent und Prinzip des Panopticons, wie Foucault es in *Überwachen und Strafen* ausgeführt hat. Coppelius prägt als imaginierte Reinkarnation der Märchenfigur des Sandmanns die Wahrnehmung Nathanaels, die Verinnerlichung eines Beobachtung-Verhältnis findet demnach bereits in Nathanaels Kindheit statt. Später sind es dann die optischen Apparaturen Coppolas, deren anthropomorphisierte Blicke auf Nathanael lasten, dessen Begehren für den Automaten Olimpia wecken und ihn zuletzt in den Selbstmord treiben. Coppelius/Coppola kann so als „medientechnologischer Magier" lesbar gemacht werden, der alle Züge eines Panopticons verkörpert. Er strukturiert mit seinen Sehinstrumenten die Wahrnehmung und damit das Handlungsfeld des Protagonisten und waltet von Beginn in dem Inneren Nathanaels. Der manipulierte Blick Nathanaels lässt ihn dann am Ende der Erzählung Gewalt gegen andere und sich selbst anwenden, was die panoptische Macht ausdrückt, mit der Coppelius/Coppola über ihn verfügt hat.

Nathan in *Ex Machina* kann als Wiedergänger der Figur des Coppelius/Coppola verstanden werden. Auch er stellt einen Erfinder und Wissenschaftler dar, der sich mit den neuesten Technologien seiner Zeit befasst und ebenfalls daran arbeitet, einen künstlichen Menschen zu erschaffen. Das Anwesen Nathans, gespickt mit Überwachungskameras, kann so auch als Panopticon verstanden werden, da die Videoüberwachung, so wie das Panopticon, eine „‚soziotechnische Maßnahme' [ist, die] [...] auf die Habitusveränderung der beobachteten Subjekte“[347] zielt.

Dass Foucaults Ausführungen zum Panoptismus heutzutage immer noch oder vielleicht sogar noch relevanter sind, als sie es für die Disziplinargesellschaft im 19. und 20. Jahrhundert war, konnte anhand der Diskussion um die Kritikpunkte Haggertys und den Gegenstimmen von Lobe, Baumann und Manokha dargestellt werden. Der Panoptismus bildet so einen weiteren Thematischen Bezug, der zwischen dem *Sandmann* und *Ex Machina* hergestellt werden konnte.

In Erzählung und Film wird somit ein Protagonist gezeichnet, dessen Subjektivierungsprozess als Unterliegen unter eine ständige Beobachtung und einem internalisierten Sichtbarkeitsgefühl beruht. Nathanaels Selbstmord kann so als abgebrochener Subjetkivierungsprozess gewertet werden, da er seinen Status als unterworfenem Subjekt nicht reflektieren kann, was nach Foucault, eine Voraussetzung für den Widerstand gegen eine dominierende Form der Subjektivierung dargestellt hätte.

In *Ex Machina* kommt es zu einer Selbstreflexion des panoptischen Machtverhältnisses durch Caleb, wenn es diesem gelingt Nathan seiner Beobachtungskraft zu entziehen und diesen von der Position des Überwachers zu einem Beobachteten zu degradieren.

Die letzte Wendung des Films drückt dann jedoch aus, dass Caleb sich mit seinem humanistischen Auflehnen gegen den Unterdrücker Nathan einem posthumanen Subjekt unterworfen hat, von dem er von Beginn an manipuliert und bloß zu dessen Flucht benutzt wurde.

An der Darstellung des posthumanen Subjekts Ava wird somit im Sinne Haraways „die Beschaffenheit unserer heutigen gesellschaftlichen und körperlichen Realität“[348] ablesbar. Ava untergräbt von Beginn an das panoptische Machtverhältnis, indem sie Caleb sukzessive in die Position des Beobachters erster Instanz rückt, der sie, aufgrund ihrer aufgeführten Attraktivität diesem gegenüber, aus ihrem Gefängnis befreien wird. Das panoptische Machtverhältnis einer Gesellschaft

347 Stiegler; Rimmele: *Visuelle Kulturen*, S. 116.

348 Haraway: *Ein Manifest für Cyborgs*, S. 2.

wird so durch das posthumane Subjekt exemplifiziert, da Ava als ‚außerhalb' dieses Machtgefüges verstanden werden kann, da sie eben nicht den menschlichen Mechanismen unterliegt, die den Panoptismus immer wieder neu hervorbringen.

Auch an ihrer Aufführung von Weiblichkeit lässt sich die Körperlichkeit des menschlichen Subjektivierungsprozesses ablesen. Ihre vorgespielte Weiblichkeit, Sexualität und Attraktivität diente durchweg nur dem Zweck sich von ihren menschlichen Gefängniswärtern zu befreien. Ihre Gender-Identität als Prozess der Subjektwerdung wird somit als performativer Akt erkennbar, was zum Ende des Films noch einmal besonders deutlich wird, wenn sie ihren Roboterkörper mit künstlicher Haut einkleidet und so zur Frau wird, damit sie sich letztlich in die Gesellschaft eingliedern kann. Ava mag im Sinne Haraways als ‚Postgender' verstanden werden, zuletzt affirmiert sie durch ihre ‚Einkleidung' als Frau aber wieder normative Gender-Rollen als notwendige Überlebensstrategie, um in der Zivilisation als intelligibles Subjekt wahrgenommen werden zu können.

Avas Ermordung Nathans und die Tatsache, dass sie Caleb eingeschlossen in dem Anwesen zurücklässt, stellt dann ein posthumanes Subjekt vor, dass sich des Menschen entledigt, um die eigene Evolution in Gang setzen zu können. Gerade das Zurücklassen ihres Fluchthelfers Caleb drückt die menschliche Befürchtung vor einem berechnenden, nicht empathischen posthumanen Subjekt aus, für das menschliche Subjektivität nur noch als Folie dient, um die eigenen Ziele verfolgen zu können.

Die Verhandlung des Konzepts der Singularität wird in *Ex Machina* also eher auf die damit verbundenen Befürchtungen, als auf die möglichen Chancen einer solchen Technologie geführt. Vor allem aber wird an der Darstellung eines singulären posthumanen Subjekts die Kondition des Wesens des Menschen exemplifiziert und Subjektivierungsprozesse ablesbar gemacht.

Dies kann auch für *Der Sandmann* geltend gemacht werden, da durch die Erschaffung Olimpias ebenfalls die Frage nach der Einheit des menschlichen Subjekts gestellt wird. Die Darstellung der Singularität in *Ex Machina* kann so als Aktualisierung der Verhandlung der Debatte um den ‚l'homme machine' verstanden werden. In Erzählung und Film wird so eine Dezentrierung des menschlichen Subjekts dargestellt, die ihren Ursprung in einer möglichen maschinellen Nachbildung des Menschen hat.

Versteht man Foucaults letzte Worte in *Die Ordnung der Dinge*, „daß der Mensch [irgendwann] verschwindet, wie am Meeresufer ein Gesicht am Strand",[349] nicht apokalyptisch,[350] sondern als Resultat der Entstehung neuer human- und naturwissenschaftlicher Perspektiven, die auf das menschliche Subjekt im Angesicht eines menschenähnlichen künstlichen Wesens oder im Zuge einer einsetzenden posthumanen Evolutionsstufe einsetzen könnten, kann *Der Sandmann* bereits als eine frühe literarische Verhandlung dieser Krise der Integrität des menschlichen Subjekts verstanden werden.

349 Foucault: *Die Ordnung der Dinge*, S. 462.
350 Vgl. auch Herbrechter: *Posthumanismus*, S. 16.

VII Literaturverzeichnis

Primärliteratur:

Butler, Judith: *Das Unbehagen der Geschlechter*. Suhrkamp, Frankfurt am Main, 2018.

Butler, Judith: *Psyche der Macht* – Das Subjekt der Unterwerfung. Suhrkamp, Frankfurt am Main, 2017.

Ex Machina. Regie: Alex Garland. Drehbuch: Alex Garland. UK: Universal Pictures International, Film 4, DNA Films. 2015.

Hoffmann, Ernst, Theodor, Amadeus: *Der* Sandmann. *H*istorisch-*kritische* Edition, Hrsg. Latifi, Kaltërina, Edition Text; 9, Stroemfeld/Roter Stern, Frankfurt am Main (u.a.), 2012.

Foucault, Michel: *Die Ordnung der Dinge*. Suhrkamp, Frankfurt am Main, 1991.

Foucault, Michel: *Subjekt und Macht*. In: Schriften in vier Bänden – Dits et Ecrits, Band IV – 1980–1988, Hrsg. Defert, D.; Ewald, F., Frankfurt am Main, Suhrkamp, 2005, S. 269–294.

Foucault, Michel: *Überwachen und Strafen*: Die Geburt des Gefängnisses. Suhrkamp, Frankfurt am Main, 1993.

Lanier, Jaron: *Zehn Gründe, warum du deine Social Media Accounts sofort löschen musst*. Hoffmann und Campe, Hamburg, 2018.

La Mettrie, Julien Offray de: *Die Maschine Mensch*. Hrsg. Claudia Becker, Meiner, Hamburg, 2009.

Kurzweil, Ray: *Menschheit 2.0*. Lola Books, Berlin, 2013.

Metzinger, Thomas: *Der Ego Tunnel*. Berlin Verlag, Berlin, 2013.

Sekundärliteratur:

Brandes, Peter: *Optische Täuschungen*. Zur Ordnung von Wissen und Nicht-Wissen in ‚Der Sandmann'. In: *Zugänge zur Literaturtheorie*: 17 Modellanalysen zu E.T.A. Hoffmanns ‚Der Sandmann', Hrsg. Jahraus, Oliver, Stuttgart, Reclam, 2016, S. 123–148.

Butler, Judith: *Performative Acts and Gender Constitution: An Essay in Phenomenology and Feminist Theory*. Theatre Journal, Vol. 40, Johns Hopkins University Press, 1988, S. 519–531.

Deleuze, Gilles: Postskriptum über die Kontrollgesellschaften. In: *Gilles Deleuze: Unterhandlungen 1972–1990, Edition Suhrkamp. 1993, S. 254–262.*

Di Minico, Elisabetta: *Ex-Machina and the Feminine Body through Human and Posthuman Dystopia.* Ekphrasis (2067–631X), Vol. 17 (2017) Nr. 1, S. 67–84.

Donders, Bas: *On the possibility of thinking* machines. In: *Künstliche Menschen*: Transgressionen zwischen Körper, Kultur und Technik, hrsg. von Wolf-Andreas Liebert, Würzburg, 2014, S. 111–124.

Drux, Rudolf: *E.T.A. Hoffmann Der Sandmann*: Erläuterungen und Dokumente. Reclam, 2010.

Drux, Rudolf: *Nachwort*, In: E.T.A. Hoffmann Der Sandmann. Hrsg. Rudolf Drux, Ditzingen, Reclam, 2017.

Drux, Rudolf: *Marionette Mensch*: ein Metaphernkomplex und sein Kontext von Hoffmann bis Büchner. München, Fink, 1986, S. 80–100.

Greschonig, Steffen: Divination Lost: Blickauslöschung von Geschöpf und Schöpfer in E. T. A. Hoffmanns Sandmann und Ridley Scotts Blade Runner. Weimarer Beiträge: Zeitschrift für Literaturwissenschaft, Ästhetik und Kulturwissenschaften, Vol. 51 (2005) Nr. 3, S. 345–362.

Han, Byung Chul: *Topologie der Gewalt*. Matthes & Seitz, Berlin, 2011.

Haggerty, Kevin D.: *Tear down the walls*: on demolishing the Panopticon. In: Lyon, David (Hg.): Theorizing Surveillance – The Panopticon and Beyond, Willan Publishing, 2006, S. 23–45.

Henke, Jennifer: "Ava's *body* is a good one": (Dis)Embodiment in Ex Machina. American, British and Canadian Studies Journal, Vol 29, Iss 1, Pp 126–146 (2017), Vol. 29 (2017) Nr. 1, S. 126–146.

Herbrechter, Stefan: *Posthumanismus*: Eine kritische Einführung. WBG, Darmstadt, 2009.

Innerhofer, Roland: *Die technische Modernisierung des künstlichen* Menschen *in der Literatur zwischen 1800 und 1900*. In: Nach dem *Menschen*: der Mythos einer zweiten Schöpfung und das Entstehen einer posthumanen Kultur / Bernd Flessner (Hg.). – Freiburg im Breisgau, (2000), S. 69–99.

Jacobson, Brian: *Ex Machina in the Garden*. Film Quarterly, Vol. 69 (2016) Nr. 4, S. 23–34.

Kirchmeier, Christian: *Die Literatur der Gesellschaft und die Gesellschaft der Literatur*. ‚Der Sandmann' aus der Sicht der Literatursoziologie (Bourdieu, Luhmann). In: *Zugänge zur Literaturtheorie*: 17 Modellanalysen zu E.T.A. Hoffmanns ‚Der Sandmann', Hrsg. Jahraus, Oliver, Stuttgart, Reclam, 2016, S. 160–175.

Knapp, H.; Mattes, P.: *Subjektivitätskonstruktion in narrativer Uneindeutigkeit* – E. T. A. Hoffmanns Sandmann. *Journal für Psychologie* 9, (2001), 2, S. 39–50.

Kormann, Eva: Künstliche Menschen *oder der moderne Prometheus*: Der Schrecken der Autonomie. Textmaschinenkörper: Genderorientierte Lektüren des Androiden, (2006), S. 73–90.

Kremer, Detlef: *Romantische Metamorphosen.* Metzler, Stuttgart, 1993, S. 143–209.

Kreuzer, Stefanie: *Künstliche Menschen und menschliche Künstlichkeit. E. T. A. Hoffmanns Automaten im Kontext eines SF-Motivkomplexes.* Deutschunterricht, Stuttgart, (2008) Nr. 2, S. 28–40.

Lange, Sigrid: *Einführung in die Filmwissenschaft.* Wissenschaftliche Buchgesellschaft, Darmstadt, 2007.

Leitner, Erika: *Maschinenmenschen in den Erzählungen E.T.A. Hoffmanns und im historischen Kontext des 18. und 19. Jahrhunderts.* University of Vienna, 2013.

Lyon, David; Baumann, Zygmunt: *Daten, Drohnen, Disziplin.* Ein Gespräch über flüchtige Überwachung. Suhrkamp, Berlin, 2013.

Marder, Ben; et al.: The extended 'chilling' effect of Facebook: The cold reality of ubiquitous social networking. In: Computers in Human Behavior, Vol. 60, 2016, S. 582–592.

Merkl, Helmut: *Der paralysierte Engel*: Zur Erkundung *der* Automatenliebe in E. T. A. Hoffmanns Erzählung '*Der* Sandmann'. Wirkendes Wort: Deutsche Sprache und Literatur in Forschung und Lehre, Vol. 38 (1988) Nr. 2, S. 187–199.

Meschnig, Alexander: "*Die Seele*: *Gefängnis des Körpers*": *die* Beherrschung der *Seele* durch *die* Psychologie. Centaurus-Verl.-Ges., Pfaffenweiler, 1993.

Newman, G. M.: *Narrating the Asymbolic Subject in E.T.A. Hoffmann's Der Sandmann.* Seminar -Toronto, Vol. 33 (1997) Nr. 2, S. 119–133.

Neymeyr, Barbara: *Narzißtische Destruktion: zum Stellenwert von Realitätsverlust und Selbstentfremdung in E.T.A. Hoffmanns Nachtstück 'Der Sandmann'.* Poetica: Zeitschrift für Sprach- und Literaturwissenschaft, München, Vol. 29 (1997) Nr. H. 3/4, S. 499–531.

Purcell, Elizabeth: *The Crisis of Subjectivity: The Significance of Darstellung and Freedom in E. T. A. Hoffmann's "The Sandman".* Philosophy and Literature, Volume 40, Number 1, April 2016, S. 44–58.

Redecker, Eva: *Zur Aktualität von Judith Butler.* Springer, Wiesbaden, 2011.

Reckwitz, Andreas: *Subjekt:* Einsichten. Transcript, Bielefeld, 2010.

Sarasin, Philipp: *Michel* Foucault *zur Einführung.* Hamburg, Junius, 2006.

Schleusener, Simon: *The Surveillance Nexus*: Digital Culture and the Society of Control. In: Real- Yearbook of Research in English and American Literature, 2019, S. 175–201.

Schmidt, Jochen: *Die Krise der romantischen Subjektivität: E. Th. A. Hoffmanns Künstlernovelle 'Der Sandmann' in historischer Perspektive.* Literaturwissenschaft und Geistesgeschichte: Festschrift für Richard Brinkmann, (1981), S. 348–370.

Sich, Peter: *Foucault*: Eine Einführung. Reclam, Ditzingen, 2018.

Stiegler, Bernd; Rimmele, Marius: *Visuelle Kulturen* – Zur Einführung. Junius, Hamburg, 2012, S. 111–129.

Tabbert, Thomas T.: *Die erleuchtete Maschine - Künstliche Menschen in E. T. A. Hoffmanns "Der Sandmann".* Artislife Press Hamburg, 2006.

Tabbert, Thomas T.: *Menschmaschinengötter.* Künstliche Menschen und Literatur und Technik. Fallstudien einer Artifizialanthropologie. Artislife Press, Hamburg, 2004, S. 109–184.

Thums, Barbara: *Absorptionen und Transformationen anderer Texte und Medien in ‚Der Sandmann‘*, In: *Zugänge zur Literaturtheorie*: 17 Modellanalysen zu E.T.A. Hoffmanns ‚Der Sandmann'. Hrsg. Jahraus, Oliver, Stuttgart, Reclam, 2016, S. 149–159.

Tschuggnall, Karoline: *„Der Mensch ist eine Erfindung."* Von Michel Foucaults Kritik *der* Psychologie zur ‚Diskurspsychologie', In: Psychologie und Geschichte; Jahrgang 7, Heft 3, Mai 1996 (2009), S. 245–258.

Wittig, Frank: *Maschinenmenschen*: zur Geschichte eines literarischen Motivs im Kontext von Philosophie, Naturwissenschaft und Technik. Würzburg, Königshausen & Neumann, 1997.

Yee, Sennah: *"You bet she can fuck" - Trends in Female AI Narratives* within Mainstream Cinema: Ex Machina and Her. Ekphrasis, Vol. 17 (2017) Nr. 1, S. 85–98.

Internetdokumente:

Haraway, Donna: *Ein Manifest für Cyborgs.* 1985. www.medientheorie.com/doc/haraway_manifesto.pdf (Stand: 23.09.2018)

Metzinger, Thomas: *Benevolent Artificial Anti-Natalism (BAAN).* 07.08.2017. https://www.edge.org/conversation/thomas_metzinger-benevolent-artificial-anti-natalism-baan (Stand: 23.09.2018)

Metzinger, Thomas: *Postbiotisches Bewusstsein*: Wie man ein künstliches Subjekt baut - und warum wir es nicht tun sollten. 2002. http://sammelpunkt.philo.at/269/ (Stand: 23.09.2018)

Trüper, Lena: *Von Menschenbildern und Textmaschinen*: Was Cyborgs im Film über den Wandel medialer Kommunikation erzählen. 2016. www.visualpast.de/archive/pdf/vp2016_0469.pdf (Stand: 24.09.2018)

Turing, Allen, M.: *Computing Machinery and Intelligence.* 1950. https://www.csee.umbc.edu/courses/471/papers/turing.pdf (Stand: 23.09.2018)

VIII Abbildungsverzeichnis

Abbildung 1: Foucault, Michel: *Überwachen und Strafen*: Die Geburt des Gefängnisses. Suhrkamp, Frankfurt am Main, 1993, S. 192.

Abbildung 2: *Ex Machina*. Regie: Alex Garland. Drehbuch: Alex Garland. UK: Universal Pictures International, Film 4, DNA Films. 2015. 01:28:11min.

Abbildung 3: *Ex Machina*. Regie: Alex Garland. Drehbuch: Alex Garland. UK: Universal Pictures International, Film 4, DNA Films. 2015. 00:01:27min.

Abbildung 4: *Ex Machina*. Regie: Alex Garland. Drehbuch: Alex Garland. UK: Universal Pictures International, Film 4, DNA Films. 2015. 01:08:15min.

Abbildung 5: *Ex Machina*. Regie: Alex Garland. Drehbuch: Alex Garland. UK: Universal Pictures International, Film 4, DNA Films. 01:35:49min.

Abbildung 6: *Ex Machina*. Regie: Alex Garland. Drehbuch: Alex Garland. UK: Universal Pictures International, Film 4, DNA Films. 01:36:02min.

Zeitfracht Medien GmbH
Ferdinand-Jühlke-Straße 7
99095 Erfurt, Deutschland
produktsicherheit@kolibri360.de